내가 잘못 산다고
말하는 세상에게

내가 잘못 산다고 말하는 세상에게

시대의 강박에 휩쓸리지 않기 위한 고민들

정지우 지음

한겨레출판

이런 세상에 살 줄은 몰랐더라도

우리 시대의 특성 하나를 꼽자면 온 세상으로부터 '너는 잘못 살고 있어'라는 이야기가 쏟아진다는 점이 아닐까 싶다. 당장 사회 전반에 재테크 열풍이 불던 때만 떠올리더라도, 온 사방에서 지금 코인이나 부동산에 탑승하지 않으면 평생 후회할 거라는 이야기가 심심찮게 들렸다. 실제로 그런 열풍에 혜택을 입은 사람이 적지 않겠지만 그로 인해 크고 작은 실패를 겪은 사람들의 이야기는 지나치게 '적게' 들렸다. 열풍이 휩쓸고 지나간 자리에는 적지 않은 폐허가 형성되기도 했다. 당장 나도 수십억 원대 코인 사기와 관련된 사건을 맡기도 했다.

잘못 살고 있다는 강박은 사소한 일상에서도 경험할 수 있다. 하루에 2000번 이상 만진다고 하는 스마트폰을 켜면 온 세상 사람들이 나 빼고 다 일생의 경험들을 누리고 있는 것 같다. 아름다운 카페, 호텔, 레스토랑, 여행지에서 타인들은 천상의 행복을 누리는 것처럼 전시되고, 나만이 그런 경험으로부터 소외된 것 같다. 소외감을 극복하려면 나도 서둘러 '잘못 살지 않는 길'을 찾아야 할 것 같은, 그러니까 그런 유행에 합류해 '플렉스'해야 할 것 같은 초조함을 느낀다. 그들이 떠나는 곳으로 떠나지 않는 건 잘못 사는 것이다.

마찬가지로 내 형편에 맞게 중저가 자동차를 구매하거나, 당장 내 집 마련에 뛰어들지 않고 차분하게 살아보려는 의지도 전 방위적으로 공격받는다. 자동차 구매에 조언을 얻기 위해 인터넷에 질문이라도 올리면, 고급 외제차 외에는 모두 살 만한 가치가 없다는 식의 댓글들이 산더미처럼 달린다. 요즘에는 승차감보다 '하차감'이 중요하다면서, 타인의 시선에서 오는 우월감을 누리기 위해 고급차를 사야 한다는 부추김도 적지 않다. 명품백을 사라, 고급 외제차를 사라, 전세로 들어갈 바에야 집을 사라, 그런 말들이 사방에서 쏟아지고 실시간으로 전시된다.

더 긴 인생의 차원도 다르지 않다. 어떤 직장이 신의 직장이고 어떤 직업이 좋은 직업인지 서열 매겨지면서 애초에 내가 어떤 일을 진정으로 하고 싶은지는 부차적인 문제가 된다. 결혼을 몇 살에 해야 하고 아이는 몇을 낳아야 하며 육아나 교육은 어떻게 해야 하는지, 모든 것에서 강요에 가까운 기준들이 쏟아진다. 세상은 '제대로 사는 기준'을 하나부터 열까지 정답처럼 정해놓고 SNS, 온라인 커뮤니티, 뒷담화 등을 통해 끊임없이 속삭인다. 그런 타인들의 잣대가 범람하는 시대에는 나의 진정한 선택이 무엇인지조차 알기 어렵다.

이런 시대는 '비난의 일상화'로 인해 더 추동력을 얻는다. 무엇이 자기에게 옳은지를 담담하게 이야기하는 것보다는, 타인들의 삶이 어떻게 잘못되었는지 소리치는 이야기들이 주목을 얻는다. 유튜브에만 하더라도 '이렇게 살면 망합니다'류의 콘텐츠가 범람하고 각종 온라인 커뮤니티에는 타인을 비난하는 댓글이 엄청나게 달리기도 한다. 독설의 유행은 꺼질 줄 모르고, 저격은 가장 흥행하기 좋은 콘텐츠가 되었다. 유명인들이 한 사소한 실수들에 벌떼같이 몰려들어서 그를 비난하고 끌어내는 일도 매일같이 일어난다. 이 시대 생존법은 '어떻게 하면 비난받지 않느냐'가 되었다.

그 이유는 여러 가지가 있겠지만 기존에 우리 사회가 지독한 집단주의 사회였다는 점도 한몫할 것이다. 집단주의 사회가 나쁜 면만 있는 건 아니겠지만 특히 우리 사회에서 부정적으로 작동한 점은 인생의 정답, 가치, 서열 같은 것들을 일률적으로 정해둔 다음, 그런 집단적 기준에 따라 인간들을 단죄해왔다는 점이다. 잘한 것과 못한 것, 잘 산 삶과 못 산 삶을 획일적인 기준으로 평가하고 그에 따라 계급을 나누어 온 것이다. 그런 사회의 잔재가 여전히 남아 있으면서도 개개인의 경쟁은 심화되고 각자도생이 자리 잡으면서 인생은 '만인에 대한 투쟁이자 방어'가 되었다.

이 책에는 그런 시대에서 살아가는 일에 대한 이야기들을 실었다. 타인들을 구경하면서 비난하거나 혐오하고, 시기와 질투심, 상대적 박탈감과 소외감이 끊임없이 조장되고, 닮고 싶은 선례보다는 반면교사가 넘쳐나는 시대에 대해 묘사하고자 했다. 그러나 그런 시대의 묘사에만 그치지 않고, 이런 시대를 살아가는 데 필요한 태도에 대해서도 이야기해보고자 했다. 특히 타인과 어떻게 온전히 관계 맺으며 나 자신의 삶을 살아낼 수 있을지, 허구 같은 담론에 기대기보다는 나 자신의 경험에서 시작한 이야기들을 담담히 기록해보고자 했다. 이처럼 사회에 대한 묘사뿐 아니라 살아가는 태도에 대해 깊이 이야기하고자 한 점이 전작인《인스타그램에는 절망이 없다》와의 차이점이라고도 볼 수 있을 것이다.

어쩌면 절망의 시대라 불러야 할지도 모르고, 미쳐버린 세상이라고 해야 할지도 모르는 그런 사회에서 살아간다고 느낄 때가 있다. 그러나 한편으로 보면 모든 시대에는 저마다의 절망이 있으며, 모든 인생에는 어딘지 미친 구석이 있기도 하다. 결국 우리는 그런 시대나 사회를 자기만의 인생이라는 배를 타고 통과해야만 한다. 그럴 때 자신을 지켜주는 건 그 모든 것을 대하는 자기만의 기준과 태도일 거라 생각한다. 궁극적으로 내가 하고 싶었던 말은 그런 태도에 대한 것이다.

살아오면서 나 또한 늘 '너는 잘못 살고 있어'라고 속삭이는 세상의 말들을 들어왔다. 때로 그런 목소리는 누군가가 직접 내게 건네는 목소리였고, 때로는 내면의 목소리이기도 했다. 그런 목소리가 옳을 때도 있었지만, 우리 시대를 건너기 위해서는 그 목소리에 굴복하기보다는 싸워야 할 일이 여전히 더 많다고 믿는다. 이 책이 그런 당신의 싸움에 조금이나마 보탬이 되길 바라본다. 이 책을 다음과 같은 말로 시작하고 싶다.

"힘겨운 싸움을 하는 모든 이들에게 친절하라."(영화 〈원더〉 중)

2022년 7월
정지우

차례

2부
지도 없는 시대: 삶의 구경꾼이 되지 않는 법

3부
돌파와 회복: 저질러놓은 세상을 건너며

1부

관계: 불신의 시대에 타인을 초대하기

지렁이는
비를 좋아하지 않는다

◆
◆

지렁이가 비를 좋아하지 않는다는 사실을 알게 된 건 꽤나 충격적인 일이었다. 너무도 당연하게 어릴 적부터 나는 지렁이가 비를 좋아한다고 믿었고 그 사실을 의심조차 해본 적 없었다. 그래서 비 온 날 이후, 아스팔트 바닥에 널려 있는 지렁이들을 보면서 그 어리석음이 잘 이해되지 않기도 했다. 아무리 비가 좋아도 그렇지 그렇게 무턱대고 나와 버려서 말라 죽는 게 좀처럼 이해되지 않았다. 그럼에도 별로 깊이 생각하지 않고 그런 지렁이들을 피해 다니는 데만 집중했다.

지렁이가 비를 좋아하는 게 아니라는 사실을 안 것은 정말 나중의 일이었다. 그러니까 지렁이가 비를 좋아한다고 믿기 시작했던 일고여덟 살 무렵 이후 20년은 더 지나서의 일이었다. 어느 날 우연히 지구의 자연에 대한 다큐멘터리를 보다가 스쳐 지나가듯 내레이션 한 줄이 들렸다. 지렁이는 비가 올 때, 숨을 쉬기 위해 땅 밖으로 나온다는 말이었다. 비가 오면 땅속에 물이 들어차 숨을 쉴 수 없기 때문에 익사를 피하기 위해 땅으로 나온다는 것이다. 보통은 비가 그치고 땅이 마르면 다시 땅속으로 들어간다. 그러나 아스팔트까지 나온 지렁이는 애꿎은 아스팔트에 머리만 박다가 결국 말라 죽고 만다.

그러니까 지렁이의 죽음은 물에 대한 탐욕 때문이 아니라 익사에서 살아남기 위한 몸부림 때문이었다. 지렁이가 어리석기 때문도 아니었다. 자연의 흙이었다면 죽을 리 없는 지렁이가 인간이 만든 아스팔트 때문에 말라 죽게 되는 것이다. 그 사실은 충격적이었다. 탐욕 때문이 아니라 살아남으려다가 죽는다는 것, 이 사실이 묘하게 뼈아팠다. 나는 지렁이를 오해하고 있었고 그것도 나쁘게 오해했다. 너무나 당연하게, 자연스럽게 탐욕을 상정했던 것이다.

사실 나는 20대 내내 거의 그런 생각을 해왔던 것 같다. 사람들은 대개 자기 이익을 중심으로 움직이고 자기 이익만을 생각하며, 결국 이기심과 탐욕의 함정에 스스로 빠지는 식으로 살아간다고 말이다. 나에게 접근하거나 나와 좋은 관계를 맺으려는 사람에 관해서도 '나에게 얻을 게 있으니 그러겠지', '나에게 기대하는 이익이 있으니 그럴 테지' 하는 생각을 조금은 가졌던 것 같다. 아마 20대에 경험했던 몇 번의 '이용당함' 같은 것도 그런 사고에 영향을 미쳤을 것이다.

그런데 그 '지렁이의 죽음'에 대해 깨달을 무렵부터, 아마도 그 전후로 대략 일이 년 정도의 시간에 나는 사람과 사람의 문제라는 게 이익으로만 귀결되지 않는다는 걸 조금씩 느꼈다. 사람은 자기 이익으로만 움직이지는 않는다. 다른 누구보다 나부터 그랬다. 누군가에 대한 호감은 당연히 이익과 관련 없이 생기기도 했다. 내가 좋아하는 사람들이 나에게 꼭 무슨 이익을 주는 사람들도 아니었다. 스스로도 그럴진대 어째서 타인들을 모두 자기 이익으로만 움직이는 기계처럼 여겼는지 모를 일이었다. 특히 나를 순수한 선의로 대하는 것 같은 사람들을 하나둘 겪으면서 그런 선입관도 점점 무너져갔다.

그렇게 어느 시점부터는 타인의 이기심을 들여다보는 일이 줄어갔던 것 같다. 물론 세상에는 오로지 자기 이익만을 위해 나를 이용하고, 그 때문에 나와 친해지려고 하고, 그를 위해서만 나와 관계를 유지하는 사람도 있을 것이다. 그러나

'그 어느 무렵'부터 나는 그런 사람을 점점 모르게 되어갔다. 설령 그런 사람이 있다 한들 나는 그의 이기심을 잘 들여다 보지 못하게 되었다. 그저 사람의 순수한 선의나 호의를 더 믿게 되었다. 그것은 지렁이가 탐욕 때문에 죽는 게 아니라 는 사실을 알게 된 일과 분명한 접점이 있었다.

타인에 대한 이해, 혹은 생명에 대한 연민과 관련 있는 일 이었다. 그런 마음이 조금씩 채워질수록 어떤 선입관은 서서 히 밀려나거나 빠져나가는 걸 느꼈다. 그것은 인간과 사물의 다른 측면을 보는 일이었다. 또 다른 시야를 가지는 일이었 고 삶을 다소 다르게 대할 줄 알게 되는 일이었다. 생각건대 그것은 나쁜 일이라기보다는 좋은 일에 가까웠다.

그 사람
외로웠나 보다

❖
❖

　개인적으로 나는 다소 이상해 보이는 사람이 있으면 '외로워서 그런가 보다' 하고 생각할 때가 많다. 사람이 가진 어떤 이상함, 불협화음, 부적응이나 어색함은 많은 경우 외로움에서 나온다. 그 외로움은 어릴 적부터 뼛속 깊이 스며들어 쌓여온 것일 수도 있고, 근래 어떤 이유에서 생긴 것일 수도 있다. 또 그저 외로움에 예민한 사람이 있을지도 모른다. 그러나 나는 사람이 외로우면 다소 이상해질 수 있고, 누구나 그럴 수 있다고 생각한다.

　외로운 사람은 어쩌다 말을 들어주는 사람이 생겼을 때 지나칠 정도로 말을 많이 한다. 이 상황이나 이 관계에서 이 사람에게 어디부터 어디까지 말하는 게 적정한지 파악하기 어려워한다. 이 얘기 저 얘기를 두서없이 늘어놓기도 한다. 그러다가 자신이 무슨 말을 이렇게 늘어놓나 싶어서 말을 어느 순간 끊고 멀뚱멀뚱 쳐다보기도 한다. 그러면 보통 이상하다고 느끼게 되지만 '이 사람 요즘 외로웠나 보다. 그래서 이런저런 이야기를 이렇게 하는구나' 생각하고 만다.

외로운 사람은 때론 목소리가 커지고 쉽게 욕을 하고 흥분을 잘 가라앉히지 못하기도 한다. 심신이 전반적으로 안정되어 있어서 꽤나 적절한 감정을 골고루 누리며 살아가는 사람은 그렇게 쉽게 분노에 사로잡히지 않는다. 그러나 외로움은 삶에서 조금만 짜증스러운 일이 일어나도 감정을 조절하지 못하게 한다. 그래서 어떤 사람은 버럭 화를 내기도 하고 그러다 곧 잠잠해지기도 한다. 나는 그런 사람을 별로 좋아하지 않아서 그런 경우 보통 피해버리고 말지만, 그럴 수 없는 경우에는 그 사람의 눈빛과 말투에서 외로움을 읽어내는 습관을 갖고 있다.

물론 타인에 대해 무한한 관대함이나 아량을 가지긴 어렵다. 더군다나 여유 없는 상황에서 나에게 피해를 주거나 나를 지나치게 귀찮게 할 때는, 일말의 관대함도 사라지고 그저 짜증만 나기도 한다. 나도 성인군자나 현자가 아니어서 대개는 그런 것도 같다. 그러나 좀 지나고 보면 '그 사람 외로웠나 보다' 생각한다. 나도 외로울 때 그랬다. 아마 언젠가 또 그렇게 될 수 있을 것이다. 그러니 다른 건 몰라도 타인의 외로움에 대해서만큼은 더 관대해져야겠다고 생각한다. 외롭게 큰 아이는 정서 발달은 물론 지능 발달도 느릴 가능성이 있다고 한다. 외로운 노인은 치매에 더 쉽게 걸릴 가능성이 있다고 한다. 사람이 극도로 외로울 때 마약이나 도박에 빠지거나 심지어 목숨을 끊는 경우도 우리는 어렵지 않게 찾아볼 수 있다. 적어도 누군가의 외로움에 대해서만큼은 최후의 연민을 지녀야 한다.

나에게도 다소 외로운 시절이 있었다. 수험 공부로 아내, 아이와 떨어져 지냈던 때도 그랬다. 홀로 있다 보면 요리를 하는 일도 전혀 없다. 함께 있을 때 요리는 언제나 내 담당이었는데도 말이다. 홀로 있다 보면 유튜브나 휴대폰도 더 자주 들여다보게 된다. 아마 누군가는 내가 조금 이상하다고 생각했을 것이다. 나는 누군가 그 시절 나의 이상함을 이해해주었으면 한다. '아, 저 사람 되게 이상하네', '뭐 저런 인간이 다 있어', '저런 인간은 피해야지' 생각하기보다는 '이 사람 요즘 조금 외롭나 보네', '가만히 들어주자', '가만히 바라봐주자' 그렇게 생각하면 좋을 듯하다. 그 정도만 되어도, 삶도 세상도 사회도 조금은 더 부드러워지지 않을까.

MBTI로
사랑하는 법

❖

　성격유형검사 MBTI의 유행이 꺼질 줄 모르고 있다.
나는 이에 대해 두 가지 방향의 생각을 하고 있다. MBTI에
대한 관심은 때때로 우리가 타인을 사랑하지 않기 위한 적극
적 방식이 된다. 그러나 때로는 섬세한 관심을 기울이는 방
식이기도 하다. 우리는 타인에 관한 관심을 종결하기 위해
MBTI를 묻기도 하고, 반대로 타인에게 더 깊이 다가가길 원
해서 MBTI를 알고 싶어 하기도 한다.

　누군가를 사랑하고 싶지 않을 때 우리는 '머릿속'에서 상
대를 빠르게 해치워버리려고 한다. 빨리 정리하고 규정해 더
이상 생각할 필요 없는 존재로 고정하는 것이다. 그의 실제
행위, 말, 제스처, 마음을 매 순간 다시 바라보는 대신 길에서
지나친 표지판처럼 확정 짓고 더 이상 생각하지 않는 것이

다. 이는 사회생활에 필수적인 기술이기도 하다. 이런 타입, 저런 타입 나누고 분류한 뒤 고민을 끝내는 것이다. MBTI를 묻고서, 아, 내향적이고 직관을 중시하는 사람이군 하고 정리해버린 뒤 다시 그에 대해 깊이 생각하지 않는다. 그의 모든 행위와 말은 그런 분류 안에서 반복되는 '무의미한 사례'들에 불과하다. 더 이상 새로운 사례, 내 앞에 주어진 새로운 디테일은 필요가 없다. 그저 어떤 타입으로 고정되고 분류된 존재일 따름이다.

반면 MBTI가 상대에 대한 이해나 사랑과 연관될 때도 있다. 사랑이라는 건 섬세한 관찰을 동반한다. 우리가 어떤 존재를 사랑하겠다는 것은 그 존재를 쉽게 규정하지 않겠다는 뜻이기도 하다. 분류하기보다는 그 존재의 작은 디테일을 들여다보고, 이해하려 애쓰고, 기억하고자 하는 것이 사랑에 가까울 것이다. 당신이 떨어진 낙엽을 바라보는 방식, 숟가락을 쥐는 형태, 인사할 때마다 드러내는 어조, 좋아하는 것과 싫어하는 것을 있는 그대로, 가능하면 잘게 쪼개서 바라보고자 하는 게 사랑일 것이다.

MBTI 유형 가운데 I(내향형)인지 E(외향형)인지 물어보고는, 상대의 일상이나 행위에 점점 더 의미를 부여하며 관심을 기울일 수 있다. 당신이 독서를 좋아하는 건 I여서가 아닐까? 당신이 여행을 좋아하면서도 홀로 다니기보다 게스트하우스에서 어울리기를 좋아하는 건 역시 E이기 때문 아닐까? 그런 '질문하기'는 상대에 대한 '규정짓기' 이전에 상대의 디테일에 갖는 '관심'이다. 그렇게 타인에게 다가가는 방식으로 MBTI가 활용될 수도 있다.

　MBTI의 과학적 근거에 대해서는 말도 많고 탈도 많지만, 적어도 누군가는 그것을 타인에게 다가가기 위해 사용할 수 있을 것이다. 그런 면에서 보면 그것이 얼마나 대단한 과학인지 아닌지는 별문제가 되지 않는다. 오히려 MBTI이건 혈액형이건 별자리건, 그를 통해 무엇을 하려는지가 중요할 것이다. 우리는 그것을 타인을 규정짓고 더 이상 생각하지 않기 위해 사용하는가 혹은 타인에 대한 디테일 수집가가 되기 위해 사용하는가, 나아가 그런 디테일들을 사랑하고 더 또렷이 기억하기 위해 사용하는가.

　나는 타인의 MBTI에 별로 관심이 없는 편이다. 결국 관계에서 중요한 건 상대방이 무슨 유형인지 따위가 아니라고 믿는다. 내가 상대에게 무관심하다면 그가 무슨 알파벳을 가졌는지 알 이유가 무엇이겠으며, 반대로 내가 그에게 진심 어린 관심을 가진다면 역시 그의 알파벳이 무엇인지도 별반 중요하지 않을 것이다. 누군가를 이해하거나 사랑하고 싶을 때 내가 궁금한 건 그가 어제 어떤 음악을 들었으며, 지난 주말 어떤 책을 읽었고, 먼 훗날 어디로 여행을 떠나길 원하는지일 것이다. 나는 사랑하는 사람의 그런 디테일을 알고 싶을 따름이다. MBTI가 필요하다면, 그런 디테일에 다가가기 위한 징검다리 정도의 의미에서가 아닐까 싶다.

'반박 시 니 말이 맞음', 소통인가 불통인가

◆

요즘 청년 세대는 자신의 생각을 표현하기 위해 다양한 온라인 커뮤니티나 SNS 등을 이용한다. 특히 익명이나 부계정 등 본인이 특정되지 않는 공간에 솔직담백한 이야기들을 가감 없이 노출하곤 한다. 그중에서 흥미로운 현상은 자신의 생각을 길게 풀어 쓴 글 마지막에 "반박 시 니 말이 맞음"이라는 문구가 추가되곤 한다는 점이다.

"반박 시 니 말이 맞음"이라는 문구의 뜻은 '나는 내 생각을 적었지만 당신이 반박할 경우 당신 말이 맞는다고 인정하겠다. 그러니까 이건 내 생각일 뿐이고, 나는 당신 말에 재반박할 의사가 없다'라고 해석할 수 있다. 언뜻 봐서는 논쟁이나 토론을 회피하는 것 같기도 하고, 소통할 의지가 없는 불통의 자세 같기도 하다. 자기가 하고 싶은 말만 할 뿐 상대의 말을 듣지 않겠다는 의도가 담겨 있는 것처럼 보인다.

그러나 이 문구에 담겨 있는 진짜 뉘앙스는 그보다 복잡할 수 있다. 오히려 이 문구를 '설령 내 말이 논리적으로 완벽하지 않더라도 내 말을 들어달라'라는 호소로 볼 수도 있기 때문이다. 즉 '내 말이 완벽하다는 뜻은 아니다. 아마 당신이 반박한다면 당신이 더 논리적일지도 모른다. 그러나 그냥 내 생각은 이렇다는 걸 들어달라'라는 호소의 뉘앙스가 더 강한 것처럼도 보이는 것이다.

실제로 청년 세대가 자기 안에 갇혀 불통하는 세대라기보다는, 각자의 개성이나 생각을 존중하고 존중받길 원하는 세대라고 보는 쪽이 더 타당할 것이다. 청년 세대는 각자 진심인 것이 다르고, 개인 취향을 존중하며, 저마다 따로 '덕질'하는 것들이 있기도 하다. 나아가 각자 다른 MBTI에 따른 성격 차이를 존중하고, 결혼이나 비혼 등 라이프스타일에서도 차이를 인정하는 경향이 뚜렷하다. 그렇게 보면 '반박 시니 말이 맞음'이라는 것도 내 생각과 네 생각은 둘 중 어느 한쪽만이 옳기보다는 서로 다를 뿐이고, 굳이 그것 때문에 말다툼할 필요도 없다는 '상대주의적' 선언인 셈이다.

최근 기업이나 정치권 등 다양한 현장에서 청년 세대를 MZ세대라 칭하며 그들과의 소통에 관심을 갖고 있다. 그런데 이들과 소통하기 위해서는 기본적으로 정답이 하나로 정해져 있다는 인식보다는, 다양한 정답이 있을 수 있다는 사고관이 필요할 것이다. 내 말도 맞고, 네 말도 맞을 수 있다. 다만 그중에서 상황에 따라 더 적절한 말이나 생각, 아이디어가 있을 따름이다. 청년 세대가 생각하는 최악의 태도는 내 말만 맞고 네 말은 틀렸다는 사고방식이다.

한편으로는 이러한 현상에 대해 청년 세대가 자기 이야기를 부정당하는 것을 두려워하고 있다고도 해석할 수 있다. 마음속으로는 서로의 세계관을 존중해야 한다고 믿는 청년 세대일지라도, 실제 학교 현장이나 가정에서는 여전히 획일화된 정답 교육을 받아왔다. 모든 객관식 문제에 답은 하나이며, 공부란 여전히 풍부한 상상력보다는 암기와 주입식에 초점이 맞춰져 있다. 획일화된 교육 환경 속에서의 경쟁이 얼마나 치열한지는 꺼지지 않는 사교육시장의 열풍만 보더라도 알 수 있다. 그런 과정에서 청년 세대가 겪은 마음과 현실의 분열을 짐작할 수 있다. 청년 세대는 서로 존중하고 존중받고 싶으면서도, 그런 존중이 박탈당한 세계를 살아오기도 했던 것이다.

그렇게 보면 '반박 시 니 말이 맞는 세계'이자 '니 말이 맞아도 내 말을 들어주는 세계'란 청년들이 꿈꾸는 세계처럼 보이기도 한다. 나아가 학교나 기업에서부터 사회와 문화 전반에까지 자리 잡아야 할 세계관이 아닐까 싶다. 존중받고 존중하는 세계, 그것은 어쩌면 악플, 갑질, 차별 등 무례함으로 점철된 우리 사회가 가야 할 방향일지도 모른다.

"저요?"에 숨겨진 것들

❖

　요즘 세대의 언어습관 중에 "저요?"가 유달리 자주 들린다. 무슨 말을 물어보면 당연히 자신에게 물어본 줄 알면서도 일단 "저요?"를 먼저 한다. 나도 가끔은 전염이 되어서 누군가가 나에게 사소한 걸 물어봐도 "저요?" 하기도 한다. 바로 대답하지 않고 한 템포 쉬면서 말을 고른다. 아주 사소한 습관이자 유행일 수 있는데 그 순간에서 짐작되는 게 있다.

　이런 언어습관은 자신에게 어떤 질문이 오는 것을 낯설어한다는 느낌을 준다. 어디에 사는지, 몇 살인지, 취미는 무엇인지, 고향은 어딘지 같은, 어찌 보면 인간관계에서 가장 기초적인 정보에 대한 질문들이 '실례'가 되어가는 시대가 반영된 것 같기도 하다. 요즘에는 동호회 같은 곳에서 만나더라도 서로의 직업이나 나이 등 일체의 정보를 공개하지 않고 닉네임으로 부르며 모임의 주제에만 집중하는 경향도 매우 널리 퍼지고 있다. 나의 사적인 정보에 대해 묻지 말라는 태도가 이 언어습관에 반영된 게 아닌가 싶다.

과거에는 전화번호부에 온 집들의 전화번호가 공개되어 있었고 심지어 주민번호까지 동네방네 공개하고 다니는 세상이었지만, 지금은 그 모든 게 아주 민감한 정보가 된 시대다. 법적으로 보면 '개인정보 자기결정권'이나 '사생활의 비밀' 같은 기본권이 강조되는 맥락과 같다. 개인 간의 관계에서 각자 간직하는 비밀이 많아지고 서로에게 엄격한 선을 지키면서 거리를 두는 것이 일반적인 분위기가 되고 있다. "저요?"의 뉘앙스에는 그처럼 "나한테 그런 걸 왜 묻는 거죠?"라는 질문이 함축되어 있는 경우가 있다.

그런데 그것이 전부가 아니라 "나한테 묻다니, 내 말에 집중하겠다는 뜻인가요?"라는 묘한 뉘앙스가 느껴질 때도 있다. 달리 말하면, 묻지도 않은 말을 하는 건 TMI(too much information, 너무 많은 정보 또는 굳이 알려주지 않아도 될 정보)로 여겨질 수 있지만, 묻는 말에 대답하는 건 '당신이 원했으니 내가 말하는 것'이 된다. "저요?"는 때론 불쾌함이나 숨 고르기지만, 때론 반가움이다. 서로에 대해 잘 묻지 않는 시대에 서로에 대해 묻는 건 관심의 표현이기도 하다.

그러니까 "저요?" 하는 습관은 '관심'에 대한 무서움과 갈구가 모두 담겨 있는 시대를 보여주는 유행어가 아닐까 싶다. 유명인들을 보면, 한순간에 떠서 잘나가다가도 몇몇 사소한 정보나 과거로 인해 나락으로 떨어지는 경우가 적지 않다. 거의 모든 정보는 공격 대상이 될 수 있고 한 사람의 인생을 걸고 넘어뜨릴 수도 있다. 그럼에도 우리 시대는 관심을 갈구하는 '외로운' 시대이기도 하다. 많은 사람들이 '추앙'받길 바라며 SNS에 자기를 전시하기도 하고, 그 누군가에게는 화색이 도는 표정으로 "저요?"라고 말하는 순간을 기다리고 있기도 하다.

이 시대에 살아가는 일을 사랑하고자 한다면 그처럼 '관심'과 어떻게 관계 맺을지가 가장 중요하지 않을까 싶다. 누군가의 관심 때문에 울고 웃고, 실패하고 성공하며, 괴로워 떨고 환희에 차는 시대다. 지나친 관심은 독이 되지만 지나친 무관심은 삶을 공허하고 메마르게 만들기도 한다. 무관심과 외로움이 더 일반적인 시대에, 어떻게 서로에게 진심 어린 관심을 나누는 관계를 지닐 수 있을지 많은 고민이 필요할 것이다. "저요?"라는 그 순간의 머뭇거림이, 서로를 배척하지 않고 조심스럽게 어루만져 서로의 선을 다정하게 살짝 넘는 계기가 되는 일이 널리 자리 잡았으면 한다.

내 안의 아재와
싸우기

◆

아내는 종종 나에게 왜 그렇게 '아재' 같냐고 말하곤 한다. 그런 일들이 몇 번 반복되자 나도 점점 나의 아재 같아짐을 수시로 의식하고 있다. 어떤 말을 하고 나서도 내가 아재같이 느껴지고, 어떤 말을 하려다가도 너무 아재 같을 것 같아서 관두는 순간들이 있다. 그러니까 내 안에는 아재같이 말하고 싶은 욕망이 조금씩 싹트고 있는 셈이다. 그런 욕망이 느껴지면 즉시 입을 다물고, 이 욕망에 대해 생각한다. 나는 왜 아재가 되어가고 있나, '아재 같음'이란 무엇인가.

내가 의식하는 아재 같음 중 하나는 어떤 순간이나 사물에 대한 내 생각을 전부 설명하고 싶어 한다는 점이다. 아주 사소한 것에 대해서도 내가 아는 걸 과학 선생님처럼 다 설명하고 싶을 때가 있다. 사실 별로 유익한 정보도 아니고 아주 쓸모 있는 이야기도 아닌데 그냥 알려주고 싶은 것이다. 어쨌든 나는 누군가에게 말하고 알려주고 가르치는 일들을 해왔기 때문에 그 습관인가 싶기도 했지만, 확실히 온갖 쓸데없는 이야기들을 구구절절 가르치거나 설명해주고 싶어 하는 건 그런 것과는 다소 무관하게 느껴지기도 한다.

가령 거북이를 키우는 어항의 물이, 갈아줘도 금방 더러워지고 좀처럼 깨끗해지지 않는 상황이 있다. 예전의 나라면 그냥 혼자 생각하다가 여과기를 청소하거나 그 이유를 고민해보거나 다른 방법을 찾아봤을 것이다. 그러나 요즘에는 여과기의 원리라든지 필터의 구성이라든지 필터 청소라든지 어항 속 미생물의 역할이라든지 거북이가 헤집는 모래의 부유물에 대해서라든지, 온갖 이야기를 설명하고 싶은 욕망을 한순간 느끼는 것이다. 이 주제에 대해 상대가 관심이 있는지 얼마나 듣고 싶어 하는지와 상관없이, 그냥 내 머릿속에 있는 생각을 다 꺼내놓고 싶은 마음이 드는 것이다.

그러면서 느끼는 것이, 아재가 된다는 것은 자기가 하고 싶은 말이 상대가 듣고 싶은 말보다 앞서고 더 커지는 상태인 것 같다는 점이다. 함께 살아가며 상대의 기분을 살피고 상대가 원하는 말들을 떠올리고 상대에게 집중하기보다는,

묘한 자폐적인 상태로 빠져들면서 자기가 하고 싶은 말을 해야만 하는 상태가 되는 것이다. 그렇게 자기 이야기에 빠져든 채 자기 이야기를 하염없이 늘어놓기 바쁜 것이 일종의 아재가 되는 상태가 아닌가 싶다. 흔히 "라떼는"으로 시작하는 훈계라든지 가르침이라든지 설명이라든지 하는 것에 대한 유혹을 점점 뿌리치기 힘들어지는 것이다.

한때 장안의 화제가 된 유튜브 채널 〈피식대학〉의 '한사랑 산악회'에도 그런 아저씨들이 등장한다. 대개 상대의 말에는 별반 관심 없고 자기 할 말밖에 할 줄 모르는 아저씨들이 서로 불통하며 지내는 등산 풍경이 희화화된다. 그들을 보면서 느끼는 건, 이 아저씨들에게 필요한 건 자기를 '칭찬해'줄 사람과 자기 이야기를 하염없이 '들어'줄 사람뿐이라는 것이다. 산악회 리더는 칭찬받을 때마다 신이 나서 "열정! 열정!" 외치면서 산에 올라가고 어린아이 같은 유치한 경쟁이나 자랑을 하기 바쁘다. 그 외 아저씨들도 자기 이야기를 진지하게 들어준 사람이 한 명도 없었던 것처럼, 그저 자기 이야기를 각자 늘어놓기 바쁘다.

그런데 이 모습은 영락없는 네다섯 살짜리 아이와 다르지 않다. 그렇게 보면 나쁜 의미에서 아재가 되어간다는 것은 일종의 퇴행적인 측면이 있다는 생각이 든다. 나는 아저씨가 되는 일이란 제법 좋은 측면도 많다고 믿는다. 마음 씀씀이에서 약간의 여유가 생긴다든지 삶을 어느 정도 인정하게 되어가는 것들이 아저씨가 되어가며 좋은 점이라고도 생각한다. 아재 같음의 문제가 하나 있다면 일종의 퇴행적인 측면이고, 자기의 세계와 말밖에 남지 않는 어떤 상태가 되어가는 일일 것이다. 얼마 전 보라매공원에서 침을 튀기며 북한과 빨갱이에 대해 열변을 통하는 아저씨들 옆을 지나치면서, 무엇이 그들을 저리도 열심히 자기 말만 하게 만든 건지 생각한 적이 있다. 온전한 대화, 서로의 생각을 들어가며 조율하고 삶을 만들어가는 대화의 방식에 대해 한 번도 제대로 익힐 기회가 없었던 건 아닐까 싶기도 했다.

그러면서 드는 생각은, 내가 나 자신과 싸우는 일을 보다 더 부지런히 해야겠다는 점이다. 말하고 싶은 것을 잠시 멈추고 듣는 데 더 집중한다든지, 칭찬받고 내 말을 쏟아내고 싶은 욕망 앞에서 한 걸음 물러나는 일들을 의식적으로 해야만 한다는 것이다. 그렇지 않으면 어떤 퇴행적인 욕망이 나의 존재를 삼켜버릴 것 같다는 묘한 두려움도 느낀다. 청년 시절 지니고 있던 나 자신에 대한 엄격한 미의식은 이미 많이 잃어버렸다. 청년 시절의 그것이 마냥 좋은 건 아니고 그런 상태를 억지로 유지할 필요는 없겠지만, 그래도 너무 아재 같음에 젖어 드는 일은 피하고 싶어진다. 아재 같음이 나 자신에게도, 나와 가장 많은 시간을 보내는 사람들에게도, 내 삶의 성장이라는 측면에서도 썩 좋은 것처럼 느껴지지는 않기 때문이다.

무엇이 폭력인지 아는
시대적 감각

❖

　　과거 우리 동네에서 내가 걸어서 다니기 좋은 반경
내에 카페가 딱 하나 있었다. 꽤나 오래된 동네이다 보니 사
실 걸어서 갈 만한 곳이 많지 않았는데, 그 카페는 종종 아이
를 등원시키고 작업을 하러 갈 때가 있었다. 젊은 여성이 혼
자서 운영하고 있었고 대체로 손님이 많지는 않았다. 그러다
가끔 손님들이 제법 있을 때는, 다른 카페들과 다르게 주로
중년이나 노년의 남자들이 많았다. 처음에는 그러려니 했는
데 꽤나 충격적인 장면을 본 적이 있다.

　장년층쯤 되는 남자가 테이블에 앉아서 통화를 하다가, 통
화가 끝나고서는 "어이, 여기 주스 하나 마실까"라고 말했다.
그랬더니 주인은 "바나나랑 키위 있어요" 했고, 남자는 "오
늘은 바나나 먹지, 뭐" 했다. 그다음에는 그 남자의 지인으로

보이는 남자가 둘 들어왔는데 한 명은 들어오면서 "미스 누구, 커피 하나" 하고 소리쳤고 다른 노인은 아무것도 시키지 않았다. 그러고는 큰 소리로 떠들어댔다.

나는 놀라서 뭐 저런 인간들이 다 있나 싶었는데, 주인인 젊은 여자는 이미 익숙한 듯 아무렇지도 않게 그들이 원하는 대로 대접을 해주었다. 아마 낡고 오래된 동네에서 몇 없는 수요층이라 그랬을 것이다. 그들에게는 이곳이 옛날 다방 같은 곳인 듯했고, 그렇게 예의도 에티켓도 인간으로서의 품위도 갖추지 못한 일들을 아무렇지 않게 하고 있었다. 그들이 살아온 세월을 알 것 같았다. 몇 천 원으로 대접받고 타인을 함부로 대하며, 특히 차별적인 권력을 마음대로 누리면서 그렇게 살아왔을 것이다.

그러면서 느낀 것은 시대적인 감각에 뒤떨어지는 것은 그 자체로 폭력이 된다는 사실이었다. 단순히 옛날 사람이 되고 새로운 시대와 섞이기 어렵고 그래서 때론 안타깝고 불편하기만 한 사람에 그치는 게 아니라, 존재 자체가 폭력이 된다. 나는 이렇게 한적한 곳에서 단정하게 카페를 꾸리고 디자이너 일 같은 것도 겸사겸사하는 듯한 카페 주인이 부럽기도 했는데 그 일을 목격하고서 그런 부러움은 사라졌다. 그가 겪는 불편함이나 어려움은 정당한 것처럼 보이지 않았다. 그

것은 부당한 폭력이었고 시대에 뒤처진 자들이 저지르는 잘
못이었다.

'꼰대스러움'에 대한 비판이나 조롱이 흔하지만, 그것이
단순히 재미 삼아 이루어지는 문화적 놀이는 아닐 것이다.
꼰대스러움으로 대변되는 구시대적인 것은 그 자체로 폭력
이다. 결혼을 언제 할 거냐고 묻거나, 퇴근 후 아무렇지 않게
술자리에 끌고 가거나, 식당이나 카페 내 에티켓에 대한 감
각이 없거나, 시대적인 감각으로 타인의 입장을 생각할 줄
모르는 것은 폭력이다. 나 또한 때론 그런 폭력을 저지르고
있을 것이다. 모르고 못 느끼는 것은 때로는 죄가 된다. 그래
서 필사적으로 알고 반성하고 고민해야 한다.

새로운 시대에 대해 감각한다는 것은 단순히 세련됨이나
트렌디함을 아는 일을 넘어서, 그렇게 무엇이 폭력인지를 느
낄 줄 알고 새로운 비폭력의 법칙 속에 자기를 위치시킬 줄
안다는 걸 의미할 것이다. 그런 것이야말로 진정한 의미의
세련됨이라면 세련됨일 것이다. 반대로, 새로운 시대의 것이
지만 감각하지 못하는 혐오나 차별이 되는 것들이 있다. 그
런 것들은 경계해야 할 '요즘 젊은 것들'의 악덕일 것이다.
어느 쪽이든 그런 것들을 피하며 나라는 존재를 만들어나가
는 것이 참 중요하다고 느낀다. 그런 만들어감에 대해 평생

애쓰지 않는다면 나 또한 언젠가 존재 자체가 폭력인 사람이
되어버릴지 모른다는 생각이 든다.

'그 모든 게 너의 선택'이라는
잔인함

❖

언젠가부터 우리 사회에서 타인을 비난하는 방식에 '선택'이 절대적이 되었다는 느낌이 든다. 내가 당신에게 공감할 필요가 없고, 당신을 연민할 이유가 없고, 당신을 걱정하지 않아도 되고, 나아가 당신을 혐오하거나 비난해도 되는 이유는 그 모든 게 당신의 '선택'이기 때문이라는 것이다. 당신이 선택했으니 당신이 어떤 입장이든, 얼마나 안타깝고 비참하든 그건 오롯이 당신 잘못일 뿐이다. 그러므로 나는 당신에 대한 공감에서 자유롭고, 당신에게 공감하는 일에서 스스로를 차단해도 되며, 당신을 마음껏 비난해도 된다.

이런 방식은 뉴스 댓글창이나 SNS 등에서 무척 보편화되었는데, 일상생활이나 일반적인 관계에서도 폭넓게 자리 잡고 있는 태도인 것 같다. 타인의 상황을 모두 타인의 선택으로 환원시켜 그는 그럴 만해도 되는 처지라고, 그런 취급을 당해도 된다고, 그런 상황이 되어도 괜찮다고 생각해버리는 방식의 사고구조가 넓게 퍼지고 있는 것이다.

그런데 또 묘한 지점은 이것이 단순히 타인을 비난하거나 타인과 거리를 두기 위한 방식일 뿐만 아니라, 스스로를 질책하고 학대하는 방식으로도 깊이 자리 잡은 게 아닌가 싶은 점이다. '어쨌든 내가 지금 이런 입장이 된 것은 모두 나의 선택이므로 내 탓이다', '나에게는 선택의 기회가 있었는데 잘못 선택했으니 오롯이 내가 책임져야 한다', '그런 선택을 한 나는 어리석은 인간이다'라는 식으로 자책하는 중심에도 '선택'이 있다.

이렇게 선택을 절대시하고 선택은 전적으로 개인의 몫이며 누구나 자기의 선택에는 전적으로 책임이 있다는 사고방식은 상당히 무서운 것이기도 하다. 사실 한 인간이 인생에서 무언가를 전적으로 선택할 수 있는 경우란 그리 많지 않다. 대개는 살아오면서 누적된 상황, 자기도 모르게 받은 상처, 원했든 원치 않았든 자신에게 주어진 제한적 선택지, 어쩔 수 없이 내몰리게 된 입장 속에서 자기도 모르게 강요당한 선택들이 무수히 많기 때문이다. 어쩌면 선택이라는 것은 완전히 자발적인 경우보다 어쩔 수 없는 경우가 더 많을지도 모른다.

　그렇기에 나는 좋은 사회란 타인의 선택을 나와 무관한 거라 생각하고 비난하기보다는, 타인의 선택에 대해서도 함께 고민하고 공감해주는 사회라 생각한다. 누구나 살아가면서 잘못된 선택을 할 수 있다. 그리고 잘못된 선택을 했을 때 누구나 이해받길 원한다. 스스로를 자책하는 와중에도 이것이 꼭 나만의 잘못은 아니라고 느끼길 원한다. 물론 그런 선택이 범죄라든지 스스로의 지나친 탐욕이라든지 어리석은 허상에 기인한 것이라면, 반성도 많이 필요할 것이다. 하지만 그렇다고 해서 모든 선택들에 관해 잔인하거나 냉정해져서는 안 된다.

　개인적으로 선택이란 많은 경우 운에 달려 있다고 생각한다. 성공한 사람들은 자신의 선택을 자랑하며 과거 어느 시점을 콕 집어 그때의 선택이 내 인생을 바꾼 최고의 선택이었다고, 나의 의지였다고 말하곤 한다. 그러나 운이 나빠서 혹은 다른 어떤 이유로, 그와 같은 용기와 의지로 비슷한 선택들을 했음에도 실패한 경우가 적지 않을 것이다. 삶이란 훌륭한 선택들의 연속이라기보다, 자기도 모르게 벌어진 상황들 속에서 그저 반쯤은 어쩔 수 없이 선택되고 강요당하며, 때론 운이 좋게, 때론 스스로의 애씀으로, 때론 그 누군가의 도움으로 견딜 만하게 만들어지는 무엇에 가까울 것이다. 그런데 너무 견디기 힘들게 되어 비난과 냉소의 대상이 되는 그 누군가 또한, 비슷한 선택들을 거쳐 그렇게 되었을 것이다. 때론 부자와 가난한 자의 습관을 데이터로 분석해서 한쪽을 찬양하기도 하지만, 실상은 측량할 수 없는 무수한 이유들이 삶에는 누적되기 마련이다.

선택이 절대시되고 선악의 기준이 되며 일종의 신앙처럼 자리 잡은 사회가 때론 참으로 무섭고 잔인하게 느껴진다. 아마 적당한 선이 있을 것이다. 자신의 선택에 대해 온전히 책임지면서도 자신과 타인의 선택을 관대하게 이해할 수 있는 적절한 지점이라는 게 있을 것이다. 우리 사회가 그 지점을 발견하고, 놓지 않았으면 한다. 그래서 보다 정당한 관용을 아는 사회로 나아갔으면 한다.

인간으로 지켜야 할
하한선

❖
❖

근래 우리 사회에 만들어지고 있는 괴물 같은 문화가 있다는 생각이 든다. 스스로에게 더 이상 금기를 허용하지 않고 타인을 매도하거나 혐오하는 것을 당연시 여기는 야생의 문화, 무엇보다도 인간의 가장 적나라한 욕망들을 스스로 승인하면서 만들어낸 날것의 문화 같은 것이다. 어느 커뮤니티에서든 게임 채팅 창에서든 뉴스 댓글 창에서든 SNS에서든 타인을 '인간 취급하지 않기'를 서슴지 않으면서, 혀가 칼이라는 인식을 잊어버린 채, 그리고 언어가 존재를 규정한다는 말이 딱 어울리게도 자기 자신이 칼이 되어버린 어떤 문화가 있는 듯하다.

그 문화 속에서는 먼저 저마다의 위치를 부여받아 서열 지어진 어떤 존재가 되고, 내 아랫것과 위의 존재를 명확히 인식할 수 있는 예민한 촉수를 지니게 된다. 그리고 그런 서열을 거부하지 않고 그대로 승인하면서 자조와 우월감, 열패감과 '플렉스'를 애착 인형처럼 갖는다. 또한 누구든 짓밟기 좋은 대상이 나타나는 순간, 그들이 죽든 말든 달려가서 모욕하고 조리돌림하고 인간 이하로 취급하며 스스로에게 면죄부를 주는 방식에 익숙해진다. 모욕과 혐오, 서로를 인간 이하로 취급하면서 짓밟는 행위는 단순히 인터넷 댓글 창이나 익명 커뮤니티 따위를 넘어서서 어느덧 '인간의 조건' 자체가 되었을지도 모르겠다는 생각이 든다.

'N번방 사건'에서 죽는 인간 하나 없다면서 낄낄대고, 경찰이 잡을 수 없다며 서로 공범 의식을 나누던 모습은 경악스러우면서도 이상하게 낯설지 않다. 내가 법적으로 처벌받지만 않는다면 무슨 짓이든 저질러도 되고 누군가를 얼마든지 짓밟아도 된다. 결국 누가 더 서로에게 효율적인 '딜을 넣을(공격을 가할)' 수 있느냐만이 중요할 뿐, 서로를 인간 취급할 생각이 없는 공격과 방어의 게임 속에서 '인간'의 선은 고민할 필요가 없다. 이 문화 속에 인간다움, 인간으로서 지켜야 할 하한선, 인간으로서 그래서는 안 되는 것, 그래도 윤리적으로 도의적으로 도덕적으로 절대 그래서는 안 되는 금기 같은 건 없다. 그런 이야기야, 허영심 가득한 'PC(Political

Correctness, 정치적 올바름)주의자들이나 즐겨 떠들며 자기 우월감의 도구로 삼는 말들 아닌가 하는 식이다.

악플이 난무하는 유튜브에서 '가장 깨끗한 영역'이라는 제목으로 떠도는 유머 자료가 있다. 그 영역은 변호사들의 채널이다. 변호사들이 운영하는 유튜브 채널의 댓글 창에는 신기할 만큼 과도한 모욕이나 비하, 혐오나 욕설이 없다는 것이다. 그리고 이런 유머 자료를 보고 모두가 웃는다. 그 웃음에는 '당연하다'는 상식적 인식이 깔려 있다.

달리 말하면 법적으로 처벌받을 가능성이 적은 영역에서는 얼마든지 '더티'해지는 것도 당연하다는 뜻이다. 내가 처벌받을 가능성이 없는 곳에서는 모든 게 허용된다. 그것이 누군가에 대한 성적인 착취든, 집단적인 따돌림이든, 폭행과 모욕이든, 무엇이든 풀어내도 괜찮다. 고상한 윤리 의식이니 인권이니 정치적 올바름이니 하는 건 어차피 '기만자'들이 스스로 도취해서 떠들어대는 것들 아닌가? 그런 게 어디 있나? 어차피 다 똑같은, 이기적인 공격 본능에 충실하고 누구든 물어뜯는 걸 즐기며 결국 자기 이익에만 관심 있는 존재들 아닌가?

결국 이 문화 속에서 중요한 건 단지 나의 생존, 내가 속한 집단의 우위, 나에게 올 피해, 내가 얻을 이익, 내가 당한 공격 그리고 그것을 되갚아줄 수 있는 능력과 또 다른 공격뿐이다. 그 속에서는 내가 처벌받을 가능성이 없다면, 약자에 대한 착취나 폭력, 조롱, 그들을 '갖고 노는 일'쯤은 아무렇지 않아야 오히려 마땅한 것이다. 더 이상 그 속에 인간은 존재하지 않고 타인에 대한 공감 능력은 증발하며 오로지 나 자신을 위한 감각만이 극도로 발달하게 된다. 이 문화에는 타자란 없고 게임만 있을 뿐이다. 내가 죽을 때까지, 다른 누군가들을 죽이며 게임은 지속된다.

이런 문화가 얼마나 광범위하게 퍼져 있는지는 확실치 않다. 그런데 만약 정말로, 그런 문화가 우리가 살아가고 있는 세계 깊숙이 들어왔고 이미 도려낼 수 없을 만큼 퍼져 있다면, 문제란 정말이지 간단하지 않을 것이다. 믿을 것이라면, 끝까지 '인간'이라는 기준을 붙들고 놓지 않고자 하는 사람들의 연대밖에는 없을 것이다. 그런데 반대로 그런 연대는 또 얼마나 공고하게 실재하고 있느냐고 묻는다면, 역시 확실치 않다. 때로는 누군가 "결코 이래서는 안 된다"라고 목청껏 외치는 말에 깊이 의지가 될 때가 있다. 그만큼은 인간의 선을 지켜내고 있구나 하고 믿고 싶어진다. 바라는 건 그저 인간들 사이에서, 인간으로서 살아가는 것이다.

문해력 위기의
또 다른 배경

❖

EBS 〈당신의 문해력〉이 방영된 이후로 사회 전반에 문해력이 이슈가 되고 있다. 문해력에 대해 경제협력개발기구(OECD)는 '문장을 이해, 평가, 사용함으로써 사회 활동에 참여하고, 목표를 달성하며, 지식과 잠재력을 발전시키는 능력'이라고 정의하고 있다. 단순히 말해 글을 제대로 읽고 이해하는 능력이다.

한국 학생들의 경우 대체로 세계적으로 읽기 능력 등이 우수한 것으로 알려져 있으나, 최근에는 그 순위가 떨어지고 있을뿐더러 학생들 간의 문해력 격차도 심화되고 있다고 한다. OECD에 따르면 최근 한국 중학생의 15퍼센트 이상이 교과서를 이해하지 못하는데, 10여 년 전만 하더라도 그 비율은 지금의 절반 정도였다.

또 하나 문제가 되는 것으로 '디지털 문해력'이 있다. 일종의 스팸 메일, 피싱 사기를 구별하는 능력에 대한 것이다. 이에 대해 한국의 경우 OECD 회원국 중에서 가장 낮은 수준을 기록했다고 한다. 다시 말해 읽기 능력 자체는 준수하지만 글이 담긴 맥락에 대한 고도의 통찰력이나 이해력은 부족하다고 볼 수 있다.

한국인의 문해력이 뛰어난지 부족한지에 대한 논란은 계속 이어지고 있지만, 글 자체에 담긴 의도를 보다 명확히 식별하고, 고차원적이거나 메타적인 맥락을 이해하는 종합적인 능력 자체가 부족해지고 있다는 건 사실로 봐야 할 것이다.

그 이유에 대해 단순히 독서가 부족해서라는 의견이 일반적이지만, 한국 온라인 세계에 폭넓게 퍼진 이분법적 대립 구조의 영향도 무시할 수 없어 보인다. 청소년의 대부분이 이용하는 유튜브만 하더라도 유튜버들 간의 저격 영상 등이 매우 폭넓게 퍼져 있다. 이러한 저격 영상들이 하는 일은 대개 아군과 적군을 나누어, 상대편을 일반화하고 프레임화하면서 악마로 규정하는 작업이다. 언뜻 보면 통찰력을 발휘하여 공격할 대상의 의도를 파악하는 일처럼 보이지만, 이런 일의 핵심은 오히려 상대방의 의도를 '곡해'하는 데 있다. 어떻게든 공격할 만한 점을 찾아내서 왜곡하고, 상대의 의도를 저격하는 이가 원하는 대로 조작하는 것이다.

다시 말해 이런 '지적 활동'의 핵심은 상대방의 의도를 가능한 한 정확하게 이해하는 게 아니다. 상대방의 입장이 되어 그의 맥락을 풍성하게 상상하면서, 그가 하는 말의 다차원적인 맥락을 고려하는 일이 아닌 것이다. 그보다는 저격하는 자가 스스로 생각하는 것, 의도하는 것, 원하는 것을 반복 재생하는 나르시시즘적 행위에 가깝다.

있는 것은 오로지 '나의 의도'뿐이며, 상대의 진정한 의도는 이해할 필요가 없는 것이 된다. 따라서 아무리 온라인에서 다양한 영상을 보고 커뮤니티에서 학습하고 여러 텍스트를 접하더라도, 그것을 있는 그대로 이해하기보다는 공격할 대상으로 일반화, 규정화, 프레임화하는 일만을 반복하는 것이다.

문해력의 핵심은 내가 모르는 것을 새로이 받아들이고 상상하며 이해하는 능력에 있다. 타인을 규정하는 문화에 익숙해지면 문해력의 핵심이 사실상 간과되는 결과가 일어나는 것이다. 실제로 이는 한국 사회의 각종 집단 갈등, 혐오, 차별에도 광범위하게 영향을 미치는 것으로 보인다.

문해력 또는 이해력이 부족하다는 것은 타인을 상상할 수 있는 '힘'이 없다는 뜻이다. 나아가 뇌가 그럴 '용기'를 학습하지 못하는 것이다. 나르시시즘적으로 계속 자기 이해, 자기 입장에 익숙한 방식에만 길들여져서 그에 갇혀버리는 폐쇄성에 머무는 것이다.

그렇기에 사실 문해력을 이야기할 때 거의 거론되지 않지만 핵심적인 문제 중 하나에는 극단적이고 자극적인 콘텐츠의 범람이 있을 것이다. 인간의 이해력이 가장 필요한 지점도 사실은 이분법 가운데 제3지대를 발견하는 데 있다. 적과 아군의 구별은 단세포생물도 할 수 있는 것이지만 고등동물일수록 이해에 기반을 둔 타협, 화해, 제3의 길로 나아갈 여지가 늘어난다.

문해력이란 나와 타자가 속한 맥락을 포괄적으로 이해할 수 있는 능력과 다르지 않다. 그리고 바로 이런 능력 부족이 문제라면, 단순한 읽고 쓰기의 중요성을 넘어서서 한국 사회 전반을 지배하고 있는 문화의 단순화와 극단화, 이분법적 성향을 먼저 들여다봐야 할 것이다.

아이들은 다채로운 입장과 맥락을 이해하기 이전에 각종 자극적인 콘텐츠를 통해 누군가를 규정짓고, 공격하고, 저격하는 일에 먼저 길들여지고 있다. 바로 그런 문화가 총체적인 이해력을 갉아먹으면서 그 연장선상에 있는 문해력의 위기 또한 불러오고 있을지도 모를 일이다.

고의,
타자의 마음

✦

　　로스쿨 시절 형법을 처음 공부하면서 가장 난감했던 것은 '고의'라는 개념이었다. 형법상 범죄는 일반적으로 고의가 있어야 처벌이 가능하다. 가령 살인죄는 살인의 고의를 가지고 살인을 해야 성립한다. 살인의 고의가 없으면 과실치사죄 정도가 되거나 무죄가 된다. 절도죄는 고의로 절도를 한 경우에만 성립하고, 과실로 절도한 경우에는 처벌하지 않는다. 그래서 형사재판에서는 고의의 인정이 무척 중요한데, 나로서는 처음 이 개념 앞에서 상당히 난감해지는 걸 느꼈다.

　　누군가 고의 같은 내면의 의도를 가졌는지 아닌지는 사실 절대신 외에는 알 수 없다. 그저 고의를 가졌으리라고 추측만 할 수 있을 뿐이다. 심지어 내가 인문학을 공부하면서 이르렀던 결론은, 인간의 '진정한 의도, 인식, 의사' 같은 건 웬

만해서는 자기 자신도 잘 알 수 없다는 것이다. 인간이 완전한 이성이나 의지를 가지고 자기 행동과 인생을 결정한다는 사고방식은 이미 100년도 더 전에 부정된 터였다. 오히려 인간은 스스로 자율적인 존재라 말하기 힘들 만큼, 어마어마한 무의식의 영향을 받고 사회적으로 조작되며 환경적으로 만들어지는 '수동적인 존재'에 가깝다고 이해해왔다.

그런데 범죄자를 처벌하기 위해서는 반드시 고의가 인정되어야 한다는데, 이것을 도대체 어떻게 인정하고 알 수 있는가 싶었던 것이다. 아니나 다를까, 형법 전체를 통틀어서도 가장 많은 견해 대립이 있는 부분 같기도 했다. 고의를 엄격하게 혹은 제한적으로 인정하자, 아니면 고의를 매우 폭넓게 인정하자, 그런 학설 대립이 가장 복잡하게 얽혀 있는 부분인 것처럼 보였다. 고의인지 과실인지, 혹은 의도적인지 비의도적인지는 한 사람이 범죄자인지 아닌지를 결정하고 나아가 인생이 좌지우지될 만큼 중요한 문제다. 그런데 그걸 어떻게 안단 말인가?

흔히 이 고의라는 것은 크게 두 가지로 구성되어 있다고 배우게 된다. 하나는 사실에 대한 인식이고, 다른 하나는 행위를 할 의사다. 즉 내가 누군가를 죽인다는 사실을 알고 있고 죽일 의사가 있었다고 인정되면 살인의 고의가 인정된다.

달리 말해 내가 누군가를 죽인다는 사실을 몰랐거나 죽일 생각이 없었다고 주장하여 받아들여지면, 고의는 부정된다. 그래서 범죄자는 '죽을 줄 몰랐다', '죽일 생각이 없었다'라고 끊임없이 주장해야 하는 것이다. 그러면 결국 재판에서는 그가 한 행위들을 보고 그의 고의를 추측하게 된다. 얼마나 계획적으로 행동했는지, 원한 관계가 있었는지, 어떤 도구로 얼마나 깊이 찔렀는지를 통해 그에게 고의가 있었는지 없었는지를 판단하는 것이다.

이렇게 고의를 추측하는 과정에서는 필연적으로 '사회적 상식'의 기준이 들어온다. 상식적으로 이렇게 계획적인 행동을 했으면 살인의 의사가 있다, 상식적으로 원한 관계가 있으면 살인하려고 했을 가능성이 높다, 상식적으로 이런 도구를 사용했으면 죽이려 했을 가능성이 높다, 하는 식이다. 사실 한 사회의 질서를 위해 그렇게 범죄를 규정해나가는 일은 납득할 수 있다.

그러나 내가 청년 시절 수천 권의 문학책과 철학책을 읽으면서 거의 일관되게 부정해왔던 게 바로 사회적 '상식', '통념', '편견' 같은 것이었다. 나는 상식이야말로 가장 의심스러운 것이라 배웠다. '인간은 상식적이지 않다', '인간은 비합리적이다', '인간은 충동적이다,' '인간은 무의식적이다',

'인간은 수동적이고 사건적이다'라는 게 오히려 나의 상식이었던 것이다. 그러니 처음 법체계 속으로 들어간다는 건 뭐랄까, 거의 살과 뼈를 깎지 않으면 불가능한 것이었다.

타자의 마음은 알 수 없다. 타자의 진정한 의도나 내심의 의사 같은 것도 알 수 없다. 나아가 나 자신의 행동이나 의도 또한 완전히 확신할 수 없다. 내가 무슨 의도로 어떤 일을 하는지는 거의 평생에 걸쳐 탐구해야 알 수 있는 문제다. 내가 누군가를 속인 게 나쁜 의도인지 좋은 의도인지, 내가 무언가를 원한 게 이기적인 의사인지 이타적인 의사인지도 명확하게 분간이 되지 않곤 한다. 그것이 내가 알게 된 사람이라는 존재였다.

그러나 형법의 세계에서 인간은 명확해야 한다. 한 인간을 국가의 권력으로 다스리는 문제이고, 결국 한 인간의 인생이 결정되는 문제이기 때문이다. 나에게는 그 벽을 넘는 게 가장 어려웠다. 인문학 공부를 하면서는 진리를 유예할 필요가 있었다. 불명확성의 우주 속으로 나를 집어넣어야 했다. 그러나 법의 세계는 명확해야 했다. 인간의 내면조차 명확하게 단정할 수 있는 체계를 세워야 했다. 그 사고방식에 적응하는 데 적지 않은 시간이 걸렸고, 어쩌면 지금도 그에 적응하려 애쓰고 있다.

인생 주기설을
깨뜨리며

❖

　청년 시절을 견디는 방법 중 하나는 나만의 '주기설'을 믿는 것이었다. 내 인생에는 나름대로 주기랄 게 있어서 이 주기에 따라 인생에 새로운 기회가 온다고 믿는 식이었다. 내가 믿던 것은 '2.5년 주기설'이었는데, 2.5년마다 내 인생이 갱신되면서 새로운 일들이 일어난다고 믿었다. 물론 기존에 그런 가설이 있다는 건 들어본 적 없었고 내 멋대로 믿은 내 삶에 대한 미신적인 태도였다.

　그래서 청년 시절, 마음이 크게 불안해질 때는 혼자 강의실 뒷자리나 카페 구석에 앉아서 혼자서 그런 주기표를 그려보곤 했다. 대략 스무 살 하반기부터 2.5년간 어떤 일들이 있었는지, 그다음 스물셋부터는 또 어떤 일이 일어났는지 목록을 적어보는 식이었다. 생각해보면 청년 시절 내내 그렇게 수평선을 그려서, 언제 어떤 일들이 있었고 또 어떤 취향을 가졌고 내 정신의 진행 과정은 어떠했는지를 적어보며 지낸 시간이 정말 많았다. 가령 이십대 초반 2.5년간이 내게 '낭만주의' 주기였다면, 그 이후는 '실존주의' 주기, 또 그 이후는 '정신분석' 주기라는 식으로 적어보기도 했다. 어떤 철학에 심취했고 어떤 경향의 문학 작품이나 음악을 사랑했고 어떤 사람을 알게 되거나 어디로 여행을 떠났는지 같은 것들로 내 인생의 표를 계속 만들어나갔던 것이다.

아마 나에게 그런 식의 추상적이고 미신적인 관념이 필요했던 데는 그럴 만한 이유가 있었을 것이다. 대개 내 주변 친구들은 착실한 스펙 쌓기로 불안을 이겨내는 것 같았다. 대외 활동을 하고 자격증을 따고 학원을 다니고 스터디나 동아리 활동을 하면서 인생에서 '쓸모 있는' 경력을 만들어나갔다. 비록 이 사회에서 아직은 아무것도 아닌 존재에 불과하지만, 이렇게 방학이나 한 해를 스펙 쌓으며 보내면 나름대로 안심이 되는 것이다. 나는 애초에 취업이니 자격증이니 하는 것에 그다지 관심이 없었으므로, 대신 내 정신에 무언가를 쌓아가는 방식을 기록함으로써 그 시간을 견뎌냈던 것 같다.

그런데 언젠가부터 이런 습관이 완전히 사라졌다. 사실 청년 시절에는 타로카드라든지 점성술, 사주팔자 같은 비학(祕學)에도 꽤나 관심이 있었는데, 이런 관심도 거의 사라진 지점이 있었다. 그 시점은 결혼이었다. 결혼한 이후로 나는 그런 '정신'을 채워야만 하는 강박이라든지 삶을 나만의 신비주의적 태도로 바라보는 일을 그만두었다. 청년 시절에는 어느 하나를 선택하는 일이 너무 불안하고 어렵게 느껴져서 타로카드를 열어보는 일들도 있었지만, 결혼 이후에는 아내와 상의한 뒤 그대로 결정하곤 했다. 할까 말까 망설이는 일이 있을 때 그것이 나의 가정이나 아내와의 관계에 문제가 될 것 같으면 하지 않았고 문제가 되지 않거나 보탬이 될 것 같으면 주로 했다. 삶에 그런 기준이 생긴다는 건 내게 참으로 중요한 일이었다. 중요한 건 '함께하는 삶'이라는 기준이었고 그 외는 그보다 덜 중요한 문제였다. 그러다 보니 청년 시절의 그 과도한 불안에 지배당하는 일도 거의 사라졌다.

아이가 태어나면서는 더욱 2.5년 주기설 같은 건 하등 중요하지 않아졌다. 내 인생에서 2.5년 단위로 어떤 일이 일어나거나 내 정신에 어떤 변화가 일어나는 건 이제 완전히 추상적이고 비현실적인 문제가 되어버렸다. 그런 것보다는 아이의 자라남, 아이와 아내와 맺는 관계, 그 상호작용이 절대적이 되어서 머릿속의 추상성은 수증기처럼 흩어지고 사라져버렸다. 내가 해야 할 일들은 너무나 명확하고 현실적이어서 추상적인 정신과 삶의 흐름은 그 중요성을 잃어갔다.

생각해보면 청년 시절 내가 생각하는 삶이란 대개 나 하나 잘사는 것, 나 하나 잘되는 것 언저리를 크게 벗어나지 않았다. 나라는 인간이 홀로 이 세상 속을 살아가는데 어떻게 하면 좋은 삶을 살 것인지만이 기준이었다. 그런데 그 기준은 아마도 참으로 모호한 게 아니었나 싶다. 어디까지나 나에게 잘 맞는 것만이 최상의 기준일 텐데 그 '잘 맞음'을 스스로도 알기 쉽지 않았기 때문이다. 그러나 결혼을 하고 함께해야 할 사람이 생기자 나에게 잘 맞는 삶이 아니라 우리에게 잘 맞는 삶을 살아야 하는데, 그 기준은 함께 끊임없이 이야기하며 만들어가는 것이었다. 함께 이야기하며 만드는 기준이란 나에게 2.5년 주기설이나 타로카드보다 훨씬 강력한 셈이다.

이 시절에는 또 이 시절에 견뎌야 할 것과 그에 필요한 방식들이 있을 것이다. 그런데 아마 앞으로도 과거의 내가 삶을 견디던 방식보다는 함께 이야기함 혹은 함께함이라는 방식이 내게는 어울리지 않을까 싶다. 삶을 견디거나 이겨내는 방식으로는 꽤나 괜찮은 방법 중 하나가 아닌가 싶다.

왜 변호사가 되었냐
묻는다면

❖
❖

평생 작가로만 살지 않고 어째서 법 공부를 하게 되
었는지 묻는 사람들이 많다. 이에 대답하려면 꽤나 복잡한
기분을 느끼는데, 실제로 고민의 과정이 단순하지 않았기 때
문이다. 어느 날 갑자기 변호사가 되어야겠다고 멋지게 마음
먹었다기보다는, 로스쿨에 들어가기 직전까지도 내 머릿속
은 계속 혼란한 상태였다. 거의 일이 년 정도는 인생에서 가
장 큰 방황의 시기를 겪었다고 봐야 할 것이다.

그래도 몇 가지 이야기를 해보자면, 무엇보다 나는 사랑하
는 사람을 더 안정적으로 지키는 사람이 되고 싶었다. 작가
생활이라는 건 너무나 불안정했다. 나 자신이 그리 대단한
작가도 아니었고 수입은 들쑥날쑥했으며 한 해를 기준으로
보더라도 누군가를 책임질 만큼은 결코 되지 못했다. 혼자

사는 시절이라면 나름 고독과 자유에 대한 대가 정도로 생각할 수 있지만, 사랑하는 사람이 생기고 가족이 생기면 그래서는 안 된다고 생각했다. 책을 출간하고 몇 권이 팔릴지 사실상 우연에 맡기는 것, 어디서 강연이나 수업이 들어올지 우연에 맡기는 것, 누군가 나를 알아주고 찾아주기를 우연에 맡기는 것, 그렇게 살면서 책임이란 걸 질 수는 없다고 생각했다. 그래서 내게도 우연이 아닌 현실에 발 딛게 할 직장이나 자격증이 필요하다고 생각했다.

조금 다른 맥락에서, 내가 보다 현실적으로 나 자신이나 주위 사람들에게 의미 있는 사람이 되고 싶은 측면도 있었다. 한번은 한 학원의 원장한테 받기로 한 돈의 절반을 떼인 적이 있었는데, 그냥 큰소리만 치며 싸움질만 했을 뿐 스스로 내가 나를 지킬 수 있는 현실적인 인간이 못 된다는 걸 깨달았다. 계약서도 제대로 못 써두었고 법도 전혀 몰랐고 싸우는 방법이나 소송도 할 줄 몰랐다. 내가 소개해서 함께 일했던 친구도 절반을 떼인 터라 미안함에 고개를 들 수 없었다. 나는 그냥 방에 처박혀서 책만 읽고 글만 쓰는 서생이었을 뿐, 현실 사회로 나오면 내 몸 하나 지키기도 힘든 인간이라 느꼈다. 반려자가 생기고 아이가 생긴다면 내가 그보다는 더 안전지대나 성곽 같은 존재가 될 수 있기를 바랐다. 사회

속에서 방패나 무기를 갖고 싶은 마음이 있었다. 그러면 내가 사랑하는 것들을 더 잘 지킬 수 있을 것 같았다.

또 다른 측면으로는 내가 거의 십여 년간 몰두해왔던 인문학에 대한 일종의 회의감 같은 것이 있었다. 물론 나는 여전히 철학 책이나 고전문학만 펼쳐 들면 약간 설레는 기분을 느낄 만큼 인문학을 사랑한다. 하지만 그 무렵 이미 대여섯 권의 인문학 책이라는 걸 쓰면서, 내가 할 수 있는 말들이라는 게 아주 현실적이거나 구체적인 이야기는 될 수 없다고 많이 느꼈다. 아마 스스로의 한계 때문이었겠지만 내가 할 수 있는 말들은 다소 추상적인 당위에 머문다는 느낌이 있었는데 스스로 그걸 극복하고 싶었다. 추상적으로 잘 살고 관념적으로 올바르고 영적으로 평온한 삶에 대한 이야기가 아니라, 실제로 현실이 작동하는 이야기를 알고 싶었다. 타자의 고통이나 옳음에 대해서 떠들기만 할 게 아니라 현실을 조금은 바로잡고 내가 현실적으로 할 수 있는 일이 있었으면 했다.

그런 방향의 글 쓰는 직업인에는 무엇이 있을까 고민하면서 언론사와 로스쿨을 같이 준비하기도 했다. 그렇게 일이 년간 언론사에는 수십 번 낙방하고, 로스쿨 입시도 재수를 하면서 간신히 학업을 시작했다. 사실 언론사 스터디에서건 로스쿨에서건 나는 거의 늘 최고령자에 가까웠는데, 그런 측면에서 이게 내 삶의 가장 큰 마지막 도전이라고도 느꼈다. 물론 인생의 크고 작은 도전이라는 건 계속 있을 테지만, 어쨌든 내가 스무 살 때부터 십여 년간 이어왔던 삶과는 크게 다른 삶을 살아볼 거의 마지막 기회라 믿었다. 어차피 한 번 사는 인생이라면 그렇게 다른 삶을 알고 싶기도 했다. 혼자 글 쓰며 살아봤으니, 직장 다니고 아이 키우며 살아보고 싶기도 했다. 그런 온갖 복잡한 마음이 이 길에 뒤엉켜 있었다.

그래서 나는 사실 '사회 정의를 실현하고 싶어서 법조인이 되고 싶었다'라든지, '약자를 보호하고 혐오와 맞서 싸우기 위한 공익 변호사가 되려고 했다' 같은 멋진 말을 단정적으로, 근사하게 할 수 없다고 느낀다. 내가 자격증 하나를 거머쥐고자 한 데는 훨씬 개인적인 이유들이 겹겹이 겹쳐 있었고, 대외적으로 공표할 만한 대단한 이유의 지분은 그렇게 크지 않았다. 나는 무엇보다 내가 사랑하는 이들에게 더 나은 사람이 되고 싶었을 따름이다. 나아가 그것이 나 자신에게도, 이 세상에도 조금은 그런 일이었으면 하고 바랐다.

그렇게 보면 이는 내가 글쓰기를 했던 이유와 크게 다르지 않았던 것 같다. 내 집필 생활은 여동생을 위해 썼던 《청춘인문학》을 시작으로 한다. 나는 내가 사랑하는 사람들을 위해 글을 썼다. 그것이 내가 좋아하는 일이었고 나를 위한 일이었다. 그런데 글을 써나가다 보니, 때로는 나와 관계없는 사람이나 세상을 위해 쓴다고 느낄 때도 있었다. 그럴 때는 그나름의 보람이나 작은 의미를 느꼈다. 또 하나의 분야에서 직업인이 되어간다는 것도 다르지 않을 것이다. 거창한 대의명분으로 산다기보다는 그저 이 작은 삶 하나 가꾸어나가는 일에 가까울 것이다. 그러다가도 세상에 조금은 보탬이 되는 일도 할 수 있기를 바라면서 말이다. 그렇게 조금 더 나은 삶을 살고 싶은 마음이라는, 별반 다르지 않은 마음이 계속 이어져왔을 뿐이다.

고시생의 애환과
사랑의 절실함

◆

　　변호사 시험에 합격하면서 몇 년간 시간적으로 내 삶의 가장 큰 지분을 차지하고 있던 일이 나름대로 결실을 맺었다. 수험 생활이 끝난 마지막 날, 책들을 쌓아보았는데 천장까지 닿았다. 어찌 보면 흔한 풍경이었지만 막상 그 당사자가 되어보니 고시생으로서의 애환이라는 게 참으로 절절히 느껴졌다. 과목당 수천 페이지, 다 합치면 어언 만 페이지도 넘는 종이 더미들을 넘겨내고 이해하고 암기하던 나날들이 주마등처럼 스쳤다.

　　20대 내내 나름대로의 영역에 발 딛고 있으면서 참 많은 책장을 넘겼지만, 지난 3년간 공부의 밀도라는 것에는 비교할 수 없는 정도였던 듯하다. 나이 서른이 넘어 처음으로 법학이라는 영역에 들어서면서, 단어 하나하나가 모두 외국어

같이 느껴지고 한 줄 넘기기도 쉽지 않았던 내용들을 이해해 가는 과정은 뭐랄까, 나에게는 달나라 탐사를 하는 것과 비슷했다. 처음에는 적응하는 게 정말 쉽지 않았지만, 그래도 이삼 년이 지나면서는 나름대로 법적인 지식들을 적어내고 사고하고 스터디원들과 토론도 할 수 있게 되어 감격스러운 데가 있었다.

공부도 공부였지만 나를 둘러싼 외적인 상황도 쉽지 않다고 느꼈다. 학비를 벌면서 공부해야 했던 건 차라리 부차적인 문제였다. 첫 학년에 아이가 태어났고 나는 응급실과 병실, 산후조리원에서도 법전을 넘기고 앉아 있었다. 두 시간에 한 번씩 깨는 신생아 시절에 새벽은 내 몫이었는데, 어차피 잠도 못 잘 거, 새벽 내내 공부나 하면서 아이가 깰 때마다 분유를 먹였다. 아이랑 찍은 사진의 상당수는 아이를 안고 공부하던 장면이다. 책상에 앉아 공부하는 내 무릎에 잠들던 아이, 내 등에 올라탄 아이를 두고 문제집을 풀던 시간, 방학 때 하루 정도 나들이를 떠날 때도 책을 들고 다니며 일이십 분만 있어도 주저앉아 공부를 했다. 해변에서도 공원에서도 자동차에서도 호텔 방에서도 푸드코트에서도 항상 종이를 들고 있었다.

시험이 끝나고 며칠을 펑펑 울었던 것은 그런 아이에게 너무 미안해서였다. 거의 하루도 아이와 온전히 놀아주지 못했던 것만 같았다. 항상 중압감과 초조감과 불안감에 시달리면서, 아이와 놀이터를 갈 때도 종이 쪼가리를 손에 들고 동네 식당에 가서도 음식이 나올 때까지 책장을 넘기고 있던 나날들이라는 게, 참으로 미안하고 아쉬워서 울었던 것 같다. 수험생활 마지막 해, 아내가 서울로 떠나 먼저 복직하고 아이랑 매일 둘이서 잠들던 몇 달간은 더 힘겹고 미안했다. 주말마다 부산까지 오는 아내에게도 미안했고, 매일 아침 어린이집에 보낼 때마다 아이에게 미안했고, 매일같이 도와주셨던 어머니에게도 미안했다.

특히 마지막 몇 달은 홀로 지내면서 어떤 인간적인 감정, 가족에 대한 그리움마저도 지워가며 공부에 몰두할 수밖에 없었는데, 그 과정이 참으로 쉽지 않았다. 그나마 그 시간을 견딜 수 있었던 건 가족과 주변 사람들의 응원 덕분도 있었지만, 함께 공부했던 사람들의 도움이 너무도 컸다. 그 시절을 보내면서 사람의 중요성이라는 걸 인생에서 가장 크게 느꼈다. 아마 혼자였다면 나는 결코 해낼 수 없었을 것이다. 서로를 격려하고, 도와주고, 챙겨주고, 걱정해주고, 다독여주며, 함께 고민하고 공부했던 사람들의 소중함을 어느 때보다 크게 알았다.

그렇게 한 시절을 마무리 짓고 하나의 영역에 초심자로 발을 디디게 되었다. 또 새로운 영토에 들어서면서 배우고 알고 익혀야 할 것들이 정말로 부지런히 널려 나를 기다리고 있다. 그래도 한 시절을 보내면서 무언가를 깨닫게 된 것 같기도 하다. 다른 어떤 것보다도 사랑의 가치를, 살아낸다는 것의 절실함을, 그 가운데 손을 잡고 나아가는 사람의 일에 관해 무언가 아주 깊은 것을 배웠다는 생각이 든다. 그 시절 느꼈던 것들을 오랫동안 잊지 말아야겠다는 생각을 한다.

도자기 같은
사람

◆

     요즘 심심치 않게 매끈한 도자기 같은 사람에 대한 이상 같은 것을 접하게 된다. 티 없이 자란, 그늘 없는, 구김살 없고, 화가 없고, 굴곡이 없는 사람. 특히 남성이 여성을 이상화할 때 많이 말해지는 방식인 것 같은데, 근래에는 거기에다가 '강남에서 자란 부잣집 규수'라는 설정이 더해져서 그런 환상이 공유되고 있는 것 같다. 부자 동네에 대한 선망과 동경 같은 것들이 함께 얽히면서, 부자들은 인성이 좋고 부잣집 자식들은 구김살 없이 맑고 순수하다는 식의 '기이한 경험담'들이 온라인 커뮤니티나 SNS 등에서 퍼지는 것이다.

    다소 바보 같은 환상이긴 하지만 실제로 이런 유의 환상과 이상형을 공유하면서 그런 사람, 그런 결혼이 존재할 뿐 아니라 그런 사람을 만나야 하고 만날 수 있다는 식의 이야기들이 꽤나 진지하게 공유되고 있는 듯하다. 그러나 그 '이후의 삶'까지 그런 환상이 영구적으로 유지된 이야기들은 그리 공유되는 것 같진 않다. 오히려 결혼 이후의 여성들은 대개 남편 바가지나 긁는 무서운 여자들로 묘사되거나 히스테릭하고 남편 취미나 억압하는 존재, '맘충'으로 여전히 받아들여진다. 그들이 실재한다고 믿는, 그 '구김살 없는 도자기 같은 여자들'은 결혼 이후 다 어디로 가는 것일까?

이런 식의 편견은 남성에게도 작용하는 측면이 있어 보인다. 흔히 '개룡남('개천에서 용 난다'라는 속담과 '남자'의 합성어)'은 만나면 안 된다는 식의 말들이다. 부잣집에서 자란 바른 남자가 아니라, 흙수저 집에서 자라 열심히 살아서 홀로 성공한 남자는 보통 열등감이 심하고 인성에 문제가 있어서 만나면 안 된다는 식의 이야기들도 심심치 않게 보인다. 흥미로운 점은 그런 이야기를 하는 사람들이 대부분 '진짜 부잣집 도련님'은 만나본 적 없이, 그들에 대한 환상만을 반대 측면에서 생산하는 것 같다는 점이다. 실제로 참으로 성격 바른 부잣집 남자 만나서 평생 행복하게 살고 있다는 경험담은 그다지 보이지 않는다.

결국 이런 환상의 본질에는 부자에 대한 환상이나 선망이 있다. '가난한 동네 사람들은 인성이 나쁘고 예의가 없고 소리나 지르며 시끄럽기 마련인데, 내가 나이 들어 부자 동네에 살아보니 인종이 다르더라'는 이야기들이 자주 공유된다. 꽤나 아이러니한 것은, 상류층 삶을 묘사하는 드라마들도 우후죽순으로 유행하고 있는데 드라마나 영화 속 상류층은 대부분 이기적인 악마들에 가깝게 묘사된다는 점이다. 그런데 사실 이 두 종류의 음험한 유행은 상류층 삶에 대한 환상과 관음증이라는 점에서 그리 멀리 떨어져 있지 않다.

드라마 속의 상류층 사람들은 과장되어 있지만, 그런 집과 자동차와 생활양식을 그대로 가지고 있을 현실의 상류층 사람들은 인성 바르고 구김살 없이 자식들을 키우므로 나 역시 그런 동네에서 자란 사람을 만나야 한다는 관념은 상당히 유행하는 환상이 되었다. 그러나 내가 아는 한, 상류층 사람들이 인성 바르고 덜 폭력적이며 더 현명하게 살아가고 심지어 구김살 없는 환상적인 인생 스토리를 만들어간다는 건 허구에 가깝다. 실제로 내가 알아왔던 적지 않은 상류층 사람들이 굉장히 폭력적인 부모 밑에서 자라기도 했고, 사회 속에서는 온갖 허영과 계산적인 예의로 무장하며 살아가지만 가정이 평화롭지 않은 경우도 가까이에서 많이 보고 들었다. 경제적 계층에 따른 사람의 인성이나 예의에 대한 감각 같은 것은 쉽게 통계 내고 단정 지을 수 있는 게 아니다.

특히나 이런 편견이나 환상에 따른 각각의 성별에 대한 압박은 상당히 가혹한 데가 있다. '구김살 없는 사람'이라는 유형은 주로 '부잣집 아들'보다는 '부잣집 딸'에게 부여된다. 남자가 마냥 밝고 구김살이나 그늘 없이 항상 생글생글 잘 웃어주어야 한다는 식의 관념은 그리 폭넓지 않다. 그런 식의 성격적인 환상은 주로 여성에게 부여되고 그런 이상 자체가 압박으로 작용하는 면이 있을 것이다. 여성을 향한 '맑아야 한다', '깨끗해야 한다', '어두운 면을 내보이면 안 된다', '거칠어서는 안 된다', '잘 웃어야 한다'와 같은 편견이 어떤 가면적인 분열을 만들어내고, 사회적 차원에서 더 깊은 우울과 차별을 재생산하고 있을지도 모른다.

남성에게 부여되는 '남자는 능력 있어야 한다'라는 기존 통념에 더불어, 심지어 스스로의 노력만으로 능력을 가지게 된 남자는 인성이 나쁘고, 타고난 부잣집 도련님이어야 인성이 좋다는 식의 편견도 매우 폭력적이다. 모든 시대는 저마다의 환상이나 이상을 만들어왔지만 이 시대의 편견은 더 교묘하게 사람들 사이를 파고들어 계급화하는 듯하다. 당연하지만 세상에 구김살 없는 사람은 없다. 비교적 역경을 덜 겪으며 자란 사람은 있겠으나 그것이 꼭 인생 전체에서 봤을 때 좋은 성장 과정이라고 할 수도 없다. 삶에서는 누구나 역경이나 어려움을 겪기 마련이기 때문이다. 마찬가지로 마냥 맑고 밝고 티 없는 사람 같은 건 존재하지 않는다. 모든 사람이 슬픔과 분노, 격정을 겪어가면서 주름 그 자체이고 구김살 그 자체인 인생을 살아가게 된다. 같은 환경에서도, 형제들끼리도, 같은 동네나 이웃집에서도 전혀 다른 사람들이 만들어지고 성장해나간다. 이런 편견들은 사실상 혈액형으로 성격을 분류하는 것과 다를 바가 없다.

누구나 환상과 이상은 가질 수 있다. 그러나 그런 것을 폭력적으로 재생산하는 건 다른 문제가 된다. 그런 환상과 편견이 폭넓게 공유되는 세상보다는 사람 대 사람이 보다 온전하게 만나는 이야기들이 더 널리 퍼졌으면 싶다. 어쩌면 그런 가혹한 환상이 더 많이 이야기되는 건, 그만큼 온전한 만남이 줄어들고 있다는 뜻인지도 모른다. 세상의 폭력적인 이야기들 속에서 적지 않은 사람들의 마음이 깊이 병들고 있을 수도 있다.

결혼은
'완성'인가

◆

　청년 세대의 비혼과 저출생 등과 관련하여 이보다 더 핵심적인 이야기를 들은 적이 없는 것 같다. "점점 더 많은 청년들이 결혼을 '주춧돌'이 아닌 건물 꼭대기에 올리는 '머릿돌'로 보고 있다. 이들에게 결혼은 어른과 부모가 되기 위한 기반이 아니라 모든 준비가 갖춰진 이후 해야 하는 일이다."[*] 이는 미국의 프로젝트 'not yet' 연구원의 말이라고 하는데, 우리 사회 전반의 결혼 및 출산 문화와도 매우 밀접하게 관련되어 있는 것으로 보인다. 청년 세대는 결혼과 아이를 가지는 일을 '완성 후'에 해야 할 일로 받아들인다. 그러나 사실상 모든 걸 갖추는 완성은 불가능하고, 그 근처에 가는 것조차 어려워졌다.

[*]　에스터 페렐, 《우리가 사랑할 때 이야기하지 않는 것들》, 웅진지식하우스, 2019.

기성세대가 결혼을 일종의 시작으로 보았고 아이를 낳고 키우는 일을 어른이 되는 과정이라고 생각했다면, 청년 세대는 그 모든 걸 '완성된' 이후에 해야 할 일이라 느낀다. 그러나 취업을 하고 간신히 독립을 하더라도, 월세나 학자금 상환, 자동차 할부 등에 시달리다 보면 완성은 요원하게만 느껴진다. 대개의 동물들에게도 둥지나 보금자리가 새끼를 낳아 키우는 데 필수적인 것처럼, 많은 청년들이 '주거' 문제가 해결되지 않는 한 결혼이나 육아 같은 건 시도조차 해서는 안 되는 것처럼 느끼기도 한다. 사실상 평생 소득으로도 온전한 집 한 채 갖기 어려워졌고, 전세로 들어가도 매번 쫓겨 다니면서 자산 격차만 늘어나는 현실에서는 결혼이나 육아 자체를 엄두조차 내기 어렵다는 게 청년 세대의 세계관이다.

　더군다나 공동체가 와해되고 사람 사이의 단절감이 커진 시대일수록, 결혼할 상대방은 서로에게 성적인 환상과 낭만을 제공해줄 뿐만 아니라 인생의 동반자이자 베스트 프렌드이면서 피난처인, 그야말로 '모든 것'이 된다. 그런 존재를 선택하는 일은 일생일대의 결정이자 '완성'에 도달하는 일이고 인생 최대의 환상을 얻는 일이다. 과거처럼 누구나 때가 되면 동네의 적당한 사람과 결혼하는 게 아니라, 결혼 자체가 이 외로운 세상을 이겨낼 최후의 방주가 된 것이다.

그런데 그 선택은 매혹적이기도 하지만 그만큼 위험하기도 하다. 완성된 삶을 주리라 여겼던 그 상대방과의 삶이 어떻게 처절한 실패로 끝날지 알 수 없다. 실제로 높아지는 이혼율이나 주위에서 들려오는 온갖 결혼에 대한 이야기들은 두려움을 증폭시킨다. 그렇기에 이 선택은 어느 때보다 신중해야 하며, 모든 것을 갖춘 상황에서 혹은 적어도 모든 것을 얻을 가능성이라도 있는 상태에서 선택할 수 있는 '머릿돌'이다.

이에 대해서 '결혼 또한 하나의 시작이며 주춧돌이고 어른이 되어가는 과정이다. 모두에게 결혼은 연습 같은 것이며 육아 역시 다들 낯설고 생경한 경험이지만 그렇게 배워나가는 것이다'라는 식의 기성세대적인 훈계는 거의 의미가 없다. 당장 인생 전체가 각종 할부, 빚, 이자, 온갖 리스크 등으로 점철되어 있는 이 시대에, 청년 세대는 그런 '위험'을 굳이 감수하고 싶어 하지 않는다. 오히려 지금 가지고 있는 나름대로의 소소한 행복이나 쾌락마저 빼앗길 것을 더 두려워한다. 누구도 삶의 안전을 보장해주지 않는 각자도생의 시대에는 저마다 자기 안전을 스스로 지켜야만 하는 것이다. 결혼은 적어도 그런 위험이 최소화되거나 극복된 상태에서나 가능한 것이다.

대신 청년 세대가 택하는 것은 완성을 지연시키고 '과정'의 삶을 사는 것이다. 그 가운데 '(결혼)해? 하지 마?' 같은 밈 (meme)이 유행한다. 흔히 유부남들이 결혼 생활을 한탄하는 글 아래 '하지 마?' 혹은 '해?' 같은 댓글이 달리면서 결정을 지연시키는 질문이 유행하는 것이다. 결혼이라는 완성의 불가능성을 드러냄과 동시에 그에 대한 도달을 미래로 미루는 모습이다. 이러한 밈도 가만히 들여다보면 비혼을 신념으로 확정짓는 표현이 아니다. 비혼주의가 아니라 일종의 '선택의 지연'을 상징하는 밈이다. 수많은 청년들이 끝내 어느 쪽으로든 '머릿돌'을 올려놓지 못하는 것이다.

결국 청년 세대의 결혼관과 현실이라는 그 간극 사이에 남은 것은 완성될 미래를 끊임없이 기다리며 '도착'을 지연시키는 삶이나, 애초에 도착을 포기한 삶이다. 실제로 1천 명당 혼인 건수인 결혼율은 매년 지속적으로 줄어들고 있고, 출산율은 '폭락'하고 있다는 말이 크게 틀리지 않다. 물론 그 자리에 피어오르는 '새로운 도착들'도 있을 것이다. 싱글, 비혼, 딩크의 삶이 주는 가치에 몰입하는 것은 일종의 새로운 도착이다. 그러나 그중 얼마나 많은 경우가 의미 있는 도착인지 혹은 강요된 표류나 난파인지는 알 수 없는 일이다. 분명한 것은 청년들의 절망이 식지 않으며 더 뜨거워지고 있다

는 것이고, 그런 뜨거운 표류나 난파가 이 시대의 한 축을 드
높이 쌓아올리고 있다는 점이다.

한쪽에 가혹한
결혼

◆

성공하거나 경제적 여력이 있으면 무엇을 선택할 것이냐는 질문에, 여성의 70퍼센트가량은 비혼을, 남성의 80퍼센트가량은 결혼을 택할 거라는 통계를 보았다. 이 기사를 보고 잠깐 멈칫했다. 그렇게 많은 여성이 비혼을 원한다는 게 놀라워서였다. 반면 남자들은 경제적 여력만 있으면 대부분 결혼을 원한다는 것인데, 이런 차이가 다소 의아하기도 하면서 머지않아 이해가 될 것 같았다. 먼저 떠오른 건 내가 청년 시절을 거치며 보았던 여성 친구들이었다.

학교에서, 스터디를 하면서, 그 밖의 공간에서 만났던 그 많은 사람들 모두는 저마다 삶에 대한 열망이나 꿈, 직업적인 희망 같은 것을 갖고 있었다. 누군가는 피디가 되고 싶어 했고, 누군가는 기자가, 누군가는 음악인이나 변호사가, 건

축 디자이너나 금융회사 직원이, 교수나 교사가 되고 싶어
했다. 그중에서 빨리 결혼해서 평생 엄마로만 살고 싶다는
사람은 내가 아는 한 한 명도 없었다. 이는 남녀가 전혀 다르
지 않았고 실제로 함께 협력하거나 경쟁하면서 그런 저마다
의 길을 걸어가는 게 내가 아는 청년 시절이었다.

그런데 30대 중반쯤 되어 주변을 둘러보니 결혼으로 자
기 사회생활이나 경력에 타격을 입은 남성은 거의 단 한 명
도 없는 반면, 여성들 중 거의 절반 정도는 직장을 그만두었
고 경력이 단절되었다. 물론 그중에는 직장생활이 너무 힘들
어서 자발적으로 그만두고 오히려 가정생활을 좋아하는 경
우도 있다. 그런데 내가 아는 한 비자발적인 포기가 훨씬 많
을뿐더러, 처음에는 자발적으로 전업주부를 택한 여성들도
아이가 학교 갈 때쯤부터는 그 단절된 경력을 복구하기 위해
부단히도 애쓰는 경우가 대부분이었다. 그러니까 적어도 결
혼이라는 하나의 현상을 놓고 봤을 때, 이게 현실적으로 남
성에게 주는 영향보다는 여성에게 주는 영향이 압도적이라
는 것을 알 수 있었다.

아마 결혼에 대한 이런 극단적인 인식 차이는 그런 데서
비롯되는 게 아닐까 싶다. 남자는 일단 자기가 성공하고 돈
만 많이 벌면, 자기 취향에 맞는 여자 만나서 결혼하고 가정

을 꾸리고 자기 자신의 사회생활에는 어떠한 타격도 없이 인생을 이어가리라는 것을 매우 자연스럽게 상상할 수 있는 것이다. 반면 여자는 아무리 자기가 성공하더라도 결혼하고 아이를 낳는 순간, 엄청난 갈등과 고민 속에서 무엇을 포기하고 말아야 할지에 대한 결정적인 벽 앞에 선다는 걸 미리 예견하고 있는 게 아닐까 싶다. 그러다 보니 아직 사랑하는 아이가 생기기 전부터, 그 무언가에 마음을 주고 딜레마에 빠지기 전부터, 자기가 꿈꿔왔고 사랑해왔던 직업이나 진로를 포기할 수 없다는 생각을 먼저 하게 되는 것이다.

그러니까 이것은 누가 이성을 더 필요로 한다든지, 더 사랑하고 함께 살고 싶어 한다든지 하는 문제와는 다소 무관한 것이라는 생각이 든다. 내가 아는 한, 사랑과 연애, 이성을 만나는 일에 대한 관심은 결코 여성이 남성보다 덜하지 않다. 여성도 사랑하는 사람을 만나 함께 살고 행복한 삶을 같이 꾸려나가고 싶은 마음이 적지 않다. 그런데 이게 단순히 사랑이나 연애 같은 문제를 넘어서 '결혼'의 문제가 되면 무엇을 포기하고 포기하지 말아야 할 것인가의 문제가 되고, 그 지점에서 남성과 여성의 입장이 완전히 달라지는 것이다. 남성에게 결혼은 무척 자연스러운 연애와 사랑의 연장인 반면 여성에게 결혼은 돌이킬 수 없는 포기와 단절을 먼저 상상하게 하는 것이다.

실제로 직장인들이 출근하는 시간에 동네 문화센터에 가 보면, 열에 여덟은 아이 엄마가 아이들을 데리고 온다. 그리고 열에 둘은 할머니나 할아버지가 데리고 온다. 그것만으로도 결혼과 출산 이후 삶의 지형이 어떻게 바뀌는지를 거의 즉각적으로 이해하게 된다. 지역마다 맘카페는 있어도 아빠들 모임은 찾기가 어렵다. 많은 사람들이 사랑하는 존재를 만나 함께 살아가길 꿈꿀 것이다. 그런데 누군가에게 그런 새로운 삶이 플러스에 가깝기만 한 반면, 누군가에게는 마이너스를 먼저 생각하게 하는 것이라면, 당연히 그에 대한 태도도 달라질 수밖에 없다. 남녀가 다르지 않았던, 같은 인생 레이스를 달린다고 믿었던 20대 이후에 삶이 어떻게 다른 방식으로 각자에게 가혹해지는지를 점점 알아가게 된다. 그런데 적어도 결혼이라는 것은 그 시작 전부터 여성에게 더 가혹할 수 있는 무엇으로 느껴진다는 것이다.

예민함
궁합

◆

연애나 결혼에서 흔히 이런저런 궁합들이 중요하다고 하는데 궁합 중의 궁합은 '예민함의 궁합'이 아닐까 싶다. 사실 다른 부분들이야 서로 좋아하는 마음이 있다면 어떻게 맞추거나 극복하는 게 가능하지만, 예민함과 관련해서는 정말이지 인간의 한계에 다다르게 하고 결코 극복할 수 없는 선을 만나게 하는 경우도 있는 듯하다. 달리 말하면 무엇에 얼마나 예민하고 둔감한지가 서로 잘 맞아야 한다. 이런 부분이 잘 맞지 않으면 많은 경우 상대방을 거의 증오하는 데 이르기까지 한다.

사실 사람마다 각자 예민하거나 둔감한 부분이 있기 마련이어서 누군가가 특별히 예민하거나 둔감하다고 말할 수 있는 경우는 많지 않은 것 같다. 아무리 둔감해 보이는 사람에게도 제 나름의 아주 예민한 부분이 있고, 무척 예민해 보이는 사람도 둔감하게 반응하는 부분이 있다. 누군가는 냄새나 청결에, 누군가는 말투나 표정에, 누군가는 단어나 색깔에 민감하다. 그리고 이런 예민함은 그저 단순한 과민 반응인 경우도 있겠지만, 때때로 우리의 존재 그 자체를 가장 깊은 뿌리부터 이루는 경우도 있다.

아이들을 보면, 손에 무언가가 묻는 것에 극도로 예민하여 뭐가 묻기만 하면 우는 아이가 있고, 맛이나 소리, 소유나 잠에 예민한 경우도 있다. 이런 예민함의 차이는 기질적인 것도 있을 테고, 부모와 생활에 적응하는 과정에서 부모의 예민함이 끼친 영향도 있을 것이다. 유독 무언가가 몸에 묻는 걸 참지 못하는 부모에게 길들여진 아이는 어릴 때부터 자기 몸에 무언가 묻는 걸 극도로 싫어한다. 또 우리 아이처럼, 부모가 다 잠에 예민하여 잠드는 걸 힘들어하는 경우는 아이도 기질적으로 잠투정이 심하고 잠드는 걸 어려워하기도 한다.

그렇게 어릴 적부터 어디에 얼마나 예민한가는 그 사람 자체가 되어버리기 때문에 이 예민함의 궁합이 대단히 중요해지는 것 같다. 어릴 적부터 무슨 일이 있어도 누군가와 함께 잠자는 버릇을 길러온 사람과 누군가 곁에 있으면 잠을 도저히 잘 수 없는 사람은 당연히 부딪힐 수밖에 없다. 말투에 너무 예민해서 상대방의 퉁명스러운 말투 하나에도 크게 상처 받는 사람은, 말투 자체가 별달리 문제되지 않는 환경에서 자란 사람과 살면 늘 스트레스를 받을 것이다. 마찬가지로 상대는 냄새에 극도로 예민하여 항상 가글을 하는데 한 사람은 좀처럼 그런 데 둔감하다면, 살아가면서 서로에 대한 나쁜 기억들이 무척 많이 쌓이게 될 것이다.

그래서 연애나 결혼 초기에 서로 예민한 부분들을 하나하나 잘 확인하고 고쳐 나가는 일이 중요하다. 그런데 도저히 고칠 수 없는 부분도 당연히 있고, 아무래도 맞출 수 없는 부분도 있을 수 있다. 그건 거의 운명과도 같아서 그런 부분이 너무 크게 차이 난다면 아마 같이 살아간다는 건 거의 불가능할 것이다. 그렇기에 예민함의 궁합이 참으로 중요한 것이다. 예민함의 부분들이 거의 일치하는 사이는 사실 그렇게까지 서로를 미워할 이유가 없고 크게 불편할 이유도 없다. 어느 정도까지 예민함이 불일치하더라도 서로 고치거나 타협할 수 있는 수준이면, 그래도 서로를 고쳐가면서 함께 살아갈 수 있다. 그런데 다시 태어나지 않는 한 새로 만들 수 없는 부분들이 이미 '자신의 예민함'으로 고착되어 있고 그런 부분에서 심각하게 충돌한다면, 그 관계는 아무래도 이어지기 어려운 것이다.

그래서 궁합 중의 궁합은 예민함 궁합이다. 소개팅을 할 때도 다른 것보다 이런 질문을 해보면 어떨까 싶다. "혹시 어떤 것에 예민하세요?" 혹은 결혼하기 전에 '내가 가장 예민한 것 리스트'를 일주일간 심사숙고해서 10개 정도 적어서 서로 교환해보는 것도 좋을 듯하다. 물론 어떤 것은 함께 살아가면서야 '내가 이런 부분에 예민한 사람이었구나' 하고 알게 되는 것도 있는데, 미리 서로에게 "당신은 이런 부분에 예민한 것 같아"라고 말해줄 수 있도록 서로 열심히 관찰하고 관심을 기울여주는 것도 좋을 듯하다. 가장 나쁜 건 "나는 안 예민한데!"라고 외치는 게 아닐까 싶다. 사실 우리는 다 예민하다. 그저 예민한 부분이 다를 뿐 예민하지 않은 사람은 없다. 예민한 건 나쁜 것도 아니며 차라리 당연한 것이다. 그렇게 보면 관계란 서로의 예민함을 알아가는 것이고, 인생도 자신이 무엇에 예민한지 알아가는 과정이며, 삶의 만족이나 안착도 자기의 예민함을 잘 충족시켜주는 데 있는 셈이다.

딜레마를 해결하는
믿음의 연습

❖

아이는 공룡 모양의 자동차를 타지 않겠다고 울었다. 옆에 있던 티라노사우루스 동상이 쫓아와서 잡아먹을까 봐 무섭다는 게 이유였다. 어느 아웃렛의 옥상에 갔더니 거대한 티라노 동상이 움직이고 있었는데, 아이는 처음부터 무섭다며 근처에도 가질 않았다. 그래도 작은 공룡 자동차는 타지 않을까 싶었는데 자신이 초식공룡 자동차를 타면 티라노가 쫓아올까 봐 못 타겠다는 것이었다. 그래서 알겠다며 아이를 내려주었더니, 못 타서 속상하다며 울었던 것이다.

그러니까 공룡 자동차를 너무 타고는 싶은데, 타게 되면 티라노한테 잡아먹힐까 봐 못 타겠다는 마음. 탈 수도 타지 않을 수도 없어서 이래도 무섭고 저래도 속상해 울 수밖에 없는 마음. 아이는 완전히 딜레마에 빠져버린 것이다. 그래

도 다른 아이들이 타는 걸 보니 자기도 타도 되겠다고 조금
은 느꼈는지, 아내와 나의 설득과 아이의 고민으로 다음과
같은 타협점이 만들어졌다. '타긴 타는데, 엄마와 아빠가 옆
에서 따라다니며 계속 지켜달라'라는 것이었다.

아이는 딜레마를 다루는 법을 배운다. 세상에 이것 아니면
저것이라는 이분법만 있는 게 아니라, 제3의 방법이 있다는
걸 알아간다. 오히려 자신이 원하는 것 대부분이 하느냐 마
느냐가 아니라 어떻게 수정해서 할지가 중요하다는 걸 배운
다. 아이스크림을 먹고 싶은데 밥을 먹어야 한다면, 아이스
크림을 먹느냐 마느냐가 아니라 밥 먹고 나서 먹으면 된다는
걸 납득하고 이해한다. 삶의 거의 모든 욕망이라는 것은 타
협해야 한다는 걸 배운다.

유아 교육에 관해 별반 지식은 없지만, 이것은 삶 전체에
서도 매우 중요한 학습인 것 같다. 사실 어른들도 어려워하
는 부분이기도 하다. 인생에서 어떤 결정이나 선택을 하는
건 마치 티라노가 금방이라도 쫓아올 것처럼 너무나 무섭고
걱정되는 일이다. 그러나 동시에 그것을 하지 않겠다고 하기
엔 너무나 아쉽고 억울하며 참으로 간절히 원하기도 한다.
그러면 어떻게 해야 할까? 대개는 할지 말지 사이에서만 끊
임없이 고민하게 된다. 그러나 거기에는 늘 제3의 선택지가

있다. 수정하거나 교정한다. 나의 욕망을 다스려서 다른 방식으로 달성 가능하도록 계속 고민할 수 있다.

　욕망은 언제나 일정 정도의 위험을 동반한다. 그리고 그럴 때 어른의 대답은 늘 어떻게 '안전하게' 모험을 할 것인가이다. 어떻게 안전지대를 확보하면서 욕망의 모험을 할 것인가, 어떻게 안전한 실패를 해볼 것인가, 어떻게 비교적 안전하게 원하는 것을 해볼 것인가, 그 고민이 대개 욕망에서 핵심이 되는 것이다. 아이는 그럴 때 보통 부모를 믿는다. 부모라는 안전지대, 부모가 해결해줄 거라는 신뢰, 부모가 약속을 지킬 거라는 믿음으로 부모에게 의지한다. 어른은 다른 믿음의 체계를 지녀야 한다.

　딜레마의 제3지대에 필요한 것은 바로 그런 '믿음'이다. 어른에게 믿음의 대상은 신이 될 수도 있고 자기만의 가치 체계나 신념이 될 수도 있다. 혹은 사랑하는 사람이나 반려자가 될 수도 있다. 누군가에게는 자기 자신에 대한 믿음, 자기가 지닌 자산이나 자격증에 대한 믿음이 있을 수도 있다. 무엇이 되었든 그런 믿음의 대상이 바로 제3의 선택을 가능하게 하는 어떤 지점에 있다. 딜레마를 해결하는 연습은 달리 말해 믿음의 연습인 것이다.

아이가 알려준
'지금 여기'라는 바다

❖
❖

　아이에게 참으로 놀라는 순간이 있다. 특히 여행을 하면서 분명히 깨닫게 된 것이었는데 아이에게는 지금 '여기'보다 더 소중한 것은 없다는 점이다. 여행하는 동안 숙소를 세 번 옮기면서 아이에게 매번 물어보았다. "어제 거기가 좋아, 오늘 여기가 좋아?" 아이는 언제나 지금 여기를 택했다. "여기가 좋아." 언제나 그렇게 말했다. 지금 여기에서 웃고 있고, 지금 여기가 신기하고, 지금 여기 엄마 아빠랑 있는 게 좋은 아이는 언제나 지금 여기를 택한다. 숙소가 값싸도, 날씨가 좋지 않아도, 갖고 놀 게 부족해도, 아이는 지금 여기를 택한다.

　그 사실이 주는 참으로 깊은 위안이 있다. '혹시 나는 지금 여기를 잘못 택한 건 아닐까', '더 좋은 숙소가 있는 것 아닐까', '어제나 과거가 더 행복했던 건 아닐까', '다른 선택을 통해 더 나은 삶을 살 수 있었던 건 아닐까' 그런 고민에 휩싸이곤 하지만, 아이 앞에서는 그런 모든 관념적인 고민들이 무력해진다. 지금 나와 함께 있는 여기를 '가장 좋은 것'으로 택한 아이 앞에서, 나는 다른 것을 더 좋아할 자격이 없어진다. 나도 지금 여기를 가장 사랑할 수밖에 없게 된다. 아이를 배반할 수 없기 때문이다. 아이가 웃고 있는 여기가 내게도 가장 좋은 것이 된다.

얼마 전, 아내가 아이를 데리고 잠시 친정에 간 적이 있었는데 그 빈자리에서 피어오르는 것들을 가만히 들여다보았다. 결국에는 또 하잘것없는 인생 고민, 별반 중요하지 않은 걱정, 스스로에 대한 몇 가지 초라한 자존심, 그런 것들이 거기 있었다. 아내와 아이가 집에 없으니 갑자기 나는 무기력한 귀차니스트가 되어 아무것도 하지 않은 채 누워 있곤 했다. 에너지는 더 빨리 방전되어버렸고 빈자리의 고민만 늘었다. 내가 삶의 얼마나 큰 부분을 아내와 아이에게 의존하고 있는지를 느꼈다. 그들이 없다면 이 삶은 거의 무가치해진다. 사소한 쾌락이나 기쁨은 있을지라도 그다지 충만한 행복이라 말할 게 없다.

알고 보면 나는 매일 아이에게 삶을 배우고 얻는 셈이 아닌가 했다. 아이와 있으면 지금 '여기'로 초대받는다. 어떠한 과거나 미래보다도 강렬하고 소중하고 가치 있는 여기라는 문을 열고 들어선다. 여기라는 세계가 열린다. 머릿속의 습기를 씻어내는 강렬한 태양빛처럼 그렇게 오늘 여기를 사랑하게 된다.

요즘에는 삶을 살아가는 방식에 대해 근본적으로 다시 생각해보고 있다. 어떤 경쟁의 세계에서 무한하게 경력을 쌓아가면서, 끝이 없을 정도로 높은 정상에 올라서길 바라면서, 그렇게 현재에 계속 무언가를 더하면서, 미래를 향해 나아간다는 것이 얼마나 대단한 것인지 의문이 든다. 대신 그러한 마음들을 손에 움켜쥐고 말뚝을 박듯이 지금 땅 아래 박아서, 현재에 나를 끌어내리는 일을 계속 잘할 수 있게 된다면 삶의 다른 문이 열리는 건 아닐까? 나도 무언가 더 대단한 것을 바라기보다는 그저 지금 여기를 더 사랑할 수 있는 사람이 되지는 않을까? 그런 생각을 해보는 것이다.

그런 삶으로 더 다가가는 방법이 있다면, 그건 삶에서 '생각'의 비중을 줄이면서 그저 지금 여기에 온전히 뛰어드는 연습을 계속하는 게 아닐까 싶다. 그렇게 지금 여기라는 바다로 뛰어들 때 아이만큼 훌륭하게 나를 이끌어줄 수 있는 강사는 없으리라는 생각도 든다.

부모라서 당연한
모습은 없다

❖

　　아이가 보는 만화에는 크게 세 종류의 엄마가 나온
다. 하나는, 아이들이 무슨 사고를 치건 무한한 자애로움으
로 이해하고 설명해주며 감싸 안아주는 '자애의 화신' 같은
엄마다. 다른 하나는, 매 화마다 아이와 좌충우돌하면서 아
이를 미워했다가 좋아했다가, 짜증도 내고 화도 내고 깔깔대
고 실수도 하는 조금은 아이 같고 때론 어른 같은 엄마다. 그
리고 마지막 유형은, 대체로 첫 번째 자애로운 엄마에 가깝
지만 화낼 일에는 화도 내고 실망하거나 힘들어하기도 하는
중간 정도의 엄마다.

　　아이가 만화를 볼 때면 나도 곁에서 보게 될 때가 많은데
그때마다 두 번째 엄마 유형이야말로 진짜 엄마에 가깝다
고 늘 생각하곤 한다. 첫 번째 엄마는 아내도 '극혐'할 정도

로 현존하는 엄마와는 너무나 다르고, 세 번째 엄마의 경우 일본 만화여서 그런지 우리나라에서 흔히 보는 엄마와는 느낌이 많이 다르다. 아내와 나는 처음부터 엄마들의 캐릭터를 그렇게 나름대로 분석하면서 보곤 했는데(그게 우리가 같이 무언가를 볼 때의 재미 같은 것이다), 주변 사람들만 하더라도 첫 번째 엄마의 이상함을 거의 못 느끼다가 이렇게 말해주고 나서야 그 엄마가 이상하다는 걸 알게 되었다고 말하곤 했다.

언제 어떻게 만들어졌는지 몰라도 엄마에 대한 그 전형적인 형상은 우리에게 무척 깊이 각인돼 있어서 무한한 자애로움을 가진 엄마 캐릭터는 웬만해서는 이상하게 느껴지지 않는다. 그런데 세상에 그런 엄마가 있는가 생각해보면 아마 한 명 찾기도 힘들 것이다. 거의 모든 엄마는, 거의 모든 사람이 그렇듯이, 매일 속에서 수많은 감정을 겪으면서 수많은 모습으로 살아간다. 거의 모든 엄마는, 으레 모두가 그렇듯이, 자기 정체성에 관하여 인생 내내 사춘기, 오춘기, 팔춘기를 겪어가면서 고민하고 엄마를 때려치우고 싶다는 생각도 하며 '내 인생이 무엇인가'라는 질문 앞에서 우울이나 슬픔에 빠지기도 한다. 그런데 우리가 알아왔던 엄마라는 존재에는 이상하게 그런 모습들이 많이 생략되어 있다.

두 번째 엄마 유형이 등장하는 만화에서만 하더라도, 한 여성의 존재를 꽤나 현실성 있게 담아내긴 했지만 그 여성이 자기 인생 자체를 고민하는 과정은 찾아보기 어렵다. 아이들 보는 만화이니 당연한 게 아니냐고 할 수 있겠지만, 그 만화에 나오는 아빠는 나름대로 자기실현이라는 걸 하는 존재로 그려진다. 자기만의 재능으로 디자인을 한다든지 일을 한다든지 하면서 아빠로서의 역할도 담당하는데, 엄마는 한 인간으로서 자기 영역에 대해 고민하는 모습이 생략되어 있다. 다른 만화에서도 첫 번째 유형의 엄마는 오직 아이들을 위해서만 존재하는 수준이다. 세 번째 유형의 엄마가 나오는 또 다른 만화에서도 아빠가 멋지게 사회생활을 하는 모습은 보여주어도 엄마는 '중요한 집안일을 하는 사람' 이상으로까지 그 정체성이 확장되지 않는다. 결국 이런 만화나 동화들이 한 명의 아이, 혹은 사람이 부모라는 존재를 어떤 방식으로 그려내게 만들지는 꽤 불 보듯 뻔한 것이다.

요즘 면접관들이 가장 싫어하는 자기소개서는 '자애로운 어머니와 엄격한 아버지 밑에서 자랐다'로 시작하는 것이라고 한다. 이런 식의 부모상이 통용되던 시대가 있었을지도 모르지만, 이제 와서 이러한 부모상은 거의 완전한 거짓에 가깝다는 게 여러모로 드러나고 있는 게 아닐까 싶다. 아버지가 초자아의 위치에서 엄격함을 담당하고 어머니가 자애로운 대지의 성격으로 묘사되며 다루어지는 일련의 상징성은 여러모로 문제가 많은 것이다. 그것은 여성 차별적인 관점 이전에도 우리가 한 인간을, 한 사람인 어머니나 아버지를 제대로 보지 못하도록 가려놓는 벽돌 벽에 가깝거나, 왜곡시키는 난반사와 같은 문제를 만들어놓는다. 나아가 부모에 대한 이상한 '이상'을 설정해둠으로써 나의 부모는 그렇지 않고 심지어 나 또한 부모로서 그렇지 못하다는 피해의식이나 열등감 같은 감정을 만들어 스스로를 괴롭히게 하는 것 같다.

나 또한 부모가, 특히 어머니가 한 명의 인간이라는 걸 제대로 알아가고 인정하는 데 무척 오랜 시간이 걸렸다. 아내는 주변 사람들이 '엄마라서 당연한 것들'을 자기에게 강요하는 것 때문에 힘들 때가 자주 있다고 말한다. 그런데 그 말은 어머니가 늘 해오던 '엄마라서 당연한 건 없다', '엄마는 엄마를 그만하고 싶다'와 같은 말이기도 했다. 사실 엄마라서 당연한 엄마는 없다. 그래야만 하는 엄마도 없다. 그저 수많은 감정과 욕망, 꿈과 걱정 속에서 인생의 매 단계마다 고민하며 하루하루 이겨내고, 하루하루에 의미를 부여하며 자기의 존재를 찾아가고, 그렇게 삶이라는 여정을 늘 걷고 있는 한 명의 사람이 있을 뿐이다.

나는 부모로서 당연한 어떤 이미지를 아이에게 주입하고 그 이미지에 스스로 부합하고자 애쓰면서 자기 자신과 아이를 배반하는 부모가 되기보다는, 아이와 사람 대 사람으로 마주 보고 이야기하고 서로를 이해할 수 있는 존재가 되고 싶다. 엄마라서 당연하고, 아빠라서 당연하다고 여겨지는 모습들만을 아이가 알기를 바라진 않는다. 그보다는 아이와 서로를 이해해가면서 다른 모든 사람도 이해해갈 수 있는 관계로 성숙해가고 싶다. 세상에 널려 있는 무수한 가짜 이미지들에 관하여 아이가 적절히 경계하고 이해할 수 있는 사람으로 성숙해갔으면 싶다.

바닷가
소녀

❖

한 번도 본 적 없지만, 바다에 갈 때면 이상하게 떠오르는 장면이 있다. 까무잡잡한 소녀가 드넓은 모래사장을 홀로 달려가 바닷속에 흠뻑 몸을 적시고 부지런히 모래를 파며 해가 질 때까지 놀고 있는 모습이다. 나는 한 번도 그 소녀를 본 적이 없지만, 어째서인지 바다에 갈 때면 그 모습이 생생하게 떠오르곤 한다. 그 소녀는 어릴 적의 어머니다.

어머니는 몇 번이나 그 시절의 이야기를 나에게 들려주곤 했다. 마치 눈앞에 생생하게 그 시절이 떠오르는 것처럼, 바닷가에 살던 어린 시절의 이야기를 해주었다. 당시 아무것도 없었던 광안리 바닷가에서, 집에서부터 맨발로 출발해 우다다 뛰어 모래사장에 이르고, 부지런히 땅을 파고 헤엄치던 시간의 이야기를 했다. 그렇게 해가 질 때까지, 새까맣게 온

몸이 다 탈 때까지, 어린 시절 내내 놀곤 했다고 말이다.

그런데 그런 이야기를 들을 때면 묘하게 불편한 느낌이 있었다. 이유 중 하나는, 내가 아는 어머니는 노는 걸 좋아하는 사람이 아니었기 때문이다. 어머니는 어릴 적 나와 여동생을 차에 태우고 부지런히 계곡이며 바다며 워터파크며 하는 곳들을 데리고 다녔지만, 함께 수영했던 기억은 단 한 번도 없다. 어머니는 그저 그늘막에 앉아 우리의 짐을 챙기면서 쉬고 있는 게 좋다고 했다. 혹은 부지런히 사진을 찍는 역할을 했다. 내가 어릴 적에만 해도 카메라를 갖고 있는 집도, 카메라로 사진을 찍을 줄 아는 사람도 거의 없었다. 그러나 어머니는 조리개 값과 초점을 수동으로 조정해야 하는 필름 카메라를 들고 내가 아는 누구보다 많은 사진을 찍어주었다. 어릴 적에는 그게 특별한 줄 몰랐다.

또 다른 이유는, 어머니가 그렇게 깔깔대며 정신없이 놀았다는 사실 자체가 잘 인정되지 않았다는 점이다. 어머니는 다른 친구의 어머니들에 비해 비교적 말수도 적고 다소 차갑거나 고고한 데가 있는 사람이었다. 물론 나와 여동생에게는 한없이 따뜻했지만 뭐랄까, 내가 아는 어머니는 '노는 사람'과는 여러모로 다른 느낌을 가진 사람이었다. 그보다는 일을 하거나 우리에게 이야기를 들려주거나 그림을 그리거나 음악을 듣는 모습이 언제나 더 자연스럽게 느껴졌다. 아마 그 것이 어머니가 삶을 견디는 방식이 아니었나 싶다. 놀지 않고, 깔깔대며 웃지 않는 것, 그 대신 가만히 자기에게 주어진 삶을 응시하며 담담하게 받아들이는 것 말이다.

그래서 그런지 몰라도 바다를 찾을 때면 역시 어김없이 어머니가 소녀였던 시절의 모습이 스쳐 지나간다. 이제 눈앞에는 나의 아이가 파도 앞에 앉아 모래 구멍을 파거나 내 손을 잡고 바다로 달려간다. 그러면 어머니에게도 이런 아이였던 시절, 나와 여동생 같은 존재는 없이 그저 자유롭게 바다 앞에 서 있던 시절이 있었다는 게 이상하게만 느껴진다. 그런 생각은 묘하게 나의 존재가 부정된다는 느낌이 든다. 자유롭던 시절의 어머니, 자유롭고 싶은 어머니, 자유로운 어머니를 생각하면 그런 이상한 불편함이 내 안을 파고든다. 그런데 그 불편함이야말로 아마 가장 중요한 진실을 가리키는 게 아닌가 싶다.

그 불편함이란 사실 나의 삶, 우리의 삶이라는 것이 그 누군가의 희생에 발 딛고 서 있으며 누군가가 자유를 포기한 대가라는 것, 나아가 그렇게 얻은 삶의 인상이라는 것 또한 언제나 편향적이어서 나 자신은 항상 오만을 완전히 떨쳐낼 수 없는 채로 살고 있다는 진실 같은 것이다. 소녀인 어머니

가 바다를 향해 달려가는 장면은 계속하여 나의 오만을 콕
콕 찔러 알려준다. 나의 삶이라는 것은 사실 내가 아는 것만
이 결코 전부가 아니라는 진실을 계속 알려준다. 내 앞에 있
는 바다가 결코 나만의 것이 아니라, 그 바다를 달리던 소녀
의 것이기도 하다는 사실을 알게 하려는 것이다.

　나는 언제나 바다를 너무도 사랑한다고 말해왔다. 청년 시
절 내내 바다를 생각했고 여전히 마음의 안식처처럼 바다를
찾는다고 이야기한다. 바다를 찾아야만 해결되는 마음이라
는 게 있다고 말한다. 그것은 어디까지나 나만의 이야기이
며, 바다는 나를 위한 것이라고 쓴다. 그러나 바다에 갈 때면
그 소녀가 떠오른다. 내 것인 바다를 향해 달려가는 한 소녀
가 있다. 해가 질 때까지 새까맣게 타버린 채로 깔깔대며 웃
고 땅을 파고 파도와 술래잡기를 하는 소녀가 있다.

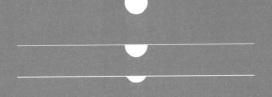

2부

지도 없는 시대: 삶의 구경꾼이 되지 않는 법

선례 없는
사회

❖

근래 우리 사회에서 하나 확실한 것은, 기성세대가 청년 세대를 자신들의 삶에 초대하는 데 실패했다는 점이다. 내 주위에서 나보다 어린 커플이나 부부 중 상당수는 아이와 함께하는 삶을 원치 않는다. 물론 그들 중 일부는 어느 시점 이후 그런 생각을 바꿀 수도 있겠지만, 아무리 시간이 흘러도 바꾸지 않을 비율이 엄청나게 늘었다는 건 자명하다. 한국은 전 세계에서 청년 세대가 기성세대의 삶으로 진입하길 가장 꺼리는 사회이다.

물론 어떤 사회에서든 청년들은 자기 자신에게 깊이 몰두한다. 자기의 성공이나 꿈, 자기 자신이 화려한 사람이 되는 것, 자기가 잘되는 것 자체에 몰입한다. 청년의 열정이나 낭만이라는 것은 자기 자신을 위한 이상과 꿈에 투신하는 것과 다르지 않다. 그러나 또 대부분의 사회에서 청년 세대는 청년 시절이 끝날 때쯤 기성세대의 삶으로 초대받는다. 가정을 꾸리고 아이를 갖는 것의 가치, 아이라는 존재를 사랑하는 것의 아름다움, 자기보다 더 큰 가정이라는 개념에 희생하는 일의 의미에 대해 듣게 되고 기성세대의 삶으로 들어서게 된다.

사회마다 조금씩 다르긴 하지만 사랑하는 두 사람이 만나서 작은 집을 가지고, 조금씩 커가는 아이와 공을 던지고, 마당에 놀이방을 짓고, 함께 바다와 숲으로 캠핑을 떠나고, 아이가 커나가는 걸 보면서 눈물 흘리는, 부부와 가족이 한 삶을 아름답게 살아내는 이상 같은 것으로 초대받는 시기가 있다. 그러나 한국 사회는 그런 이상을 잃었고, 청년 세대에게 더 이상 그런 삶으로의 초대장을 보낼 수 없게 되었다.

청년 세대가 볼 때 그나마 아름답거나 이상적인 가정을 꾸리고 있는 기성세대가 있다면 유명인 또는 부자들뿐이다. 적어도 10억 원대 이상 나가는 아파트를 가진 사람들, 안정적이고 풍요로운 사회적 위치를 얻은 사람들, 그래서 그런 삶을 얼마든지 자랑할 수 있는 사람들 정도이다.

그러나 그조차도 마냥 행복하게 보이진 않는다. 우리나라에서 가정을 갖는 일이란 대개 부부가 서로 사랑하지 않게 되어가는 필연적 과정처럼 받아들여진다. 가정 폭력과 경력

단절의 위험에 노출되고, 자식 교육에 집착하면서 자식과 함께 입시 지옥에 뛰어들고, 끊임없이 아파트 브랜드 경쟁 속으로 들어서는 일일 뿐이라는 것이다. 아이와 가족을 이루는 일이 더 진실한 행복을 보장할 거라 믿는 청년은 거의 없다.

이제 삶은 설령 사랑하는 두 사람이 만나더라도 아이를 갖기 위해 애쓰기보다는 그저 둘이서 충만한 삶을 살아가는 것이 더 진실한 행복을 보장하는 것처럼 보이게 바뀌었다. 세상의 무수한 핫플레이스들을 다니며 사진을 찍고 SNS에 올려 그런 순간들을 기념하며, 서로의 사회적 커리어를 응원하고 서로가 빛나길 지지해주면서 살아가는 삶이 훨씬 가깝게 도달할 수 있는 행복처럼 보인다. 아이를 가지고서도 그에 준할 정도로 행복하려면 적어도 안정적인 직업에 집 한 채는 있어야 하고 양가로부터 여러 도움을 받을 정도는 되어야 하는데, 어차피 그런 삶은 소수에게만 허락될 뿐이다.

그 외의 청년들은 아예 초대장을 받은 적조차 없다. 경쟁, 비교, 차별, 집단화된 편견이나 선입관 속에서 서로 선 긋고 우월함을 과시하고 열등한 자를 차별하고 그렇게 자식 세대들을 서로 경멸하게 만들며, 사랑 없는 가정의 무수한 선례들은 그렇게 청년 세대의 선택권을 박탈했다. 청년 세대에게 부족한 지원책이나 저출생 문제를 위한 정책 같은 건 부차적인 것이다. 가장 중요한 건 '삶의 모범'이다. 실제로 살아낸 삶이다. 실제로 청년 세대 앞에 존재하는 라이프 스타일이다.

결혼하고 아이를 가져봐야 남자들은 'ATM 기계'가 될 뿐이고 여자들은 '맘충'이나 '경력단절녀'가 될 뿐이라 여겨진다. 자녀를 낳아봐야 흙수저를 대물림할 뿐이고, 평생 집 한 채도 갖지 못한 채 자식과 가난하게 사는 일은 자녀에게도 죄를 짓는 일이라 믿게 된다. 이런 가족 이미지는 실제로 그렇게 증명된 삶의 '선례'다. 청년들은 바보가 아니기 때문에 근거 없이 삶을 믿지 않는다. 청년들에게 아이와 함께하는 가정의 삶은 '꿈' 중에서도 가장 뒷자리로 밀려났다.

살면서 바라는 것이 있었다면 아마도 모범이 되는 삶에 대해 아는 것이 아니었나 싶다. 반면교사는 너무 많았다. 그러나 내가 도달할 수 있고 실현할 수 있는 삶 중에 닮고 싶은 삶은 너무 없었다. 닮고 싶은 선례의 종말이야말로 사실 저출생 시대의 핵심 언저리에 있는 것이다. 이제 청년 시절을 마감해가는 즈음 바람이 하나 있다면 그 누군가가 살아내고 싶은 선례가 되는 것이다. 그런데 그런 바람조차 때로는 오만하고 터무니없는 일처럼 느껴지곤 한다. 이 선례 없는 사회에서 나 자신조차 자유롭지 않음을 자주 느낀다.

불행과 완벽 사이,
'양극성 분열'의 시대

❖
❖

　우리 문화에 타인의 불행을 증명받고 싶어 하는 열망이 퍼지고 있다. '어떤 이들은 확실히 불행하다'라는 확인을 받고 싶은 욕망이 들끓는 것이다. 유튜브 등을 비롯한 많은 콘텐츠가 바로 그런 타인의 불행을 겨냥한다. '20대를 어떻게 보내면 확실히 불행해진다', '아이를 낳으면 확실히 불행해진다', '어떤 나이대에 이르러서도 여전히 혼자라면 확실히 불행해진다', '어떤 조건에서 태어나면 확실히 불행하게 산다', '어떤 직업을 가지면 확실히 불행을 경험한다' 같은 확실성과 불행이 결합된 콘텐츠가 넘쳐나는 것이다.

　장안의 화제가 되었던 넷플릭스 드라마 〈D.P.〉나 〈오징어 게임〉만 하더라도 기본적인 소재는 타인의 불행이다. 우리는 그들의 불행에 깊이 공감하면서도 알게 모르게 짜릿함을 느끼고, 마치 드라마 〈오징어 게임〉 속 'VIP'들처럼 구경꾼의 위치에 서기도 한다. 이런 '불행 콘텐츠'에는 타인에 대한 연민과 현실 문제에 대한 공감, 그리고 그러한 문제의 진실을 알고자 하는 열망도 있지만 동시에 그들의 불행은 내 것이 아니라고 여기는 구경의 '희열' 또는 '안심'도 복합적으로 존재한다. 가학적이거나 자조적인 각종 유튜브 예능 영상이라든지, 타인의 불행에 대해 열변을 토하는 일종의 '저격 영상' 등은 말할 것도 없다.

결국 이런 콘텐츠의 유행에는 두 가지 경향이 맞물려 있다. 하나는 '내가 선택하지 않은 삶'이 불행하다고 확인함으로써 현재 자신의 삶을 위로받으려는 경향이다. 다른 하나는 앞으로 내 삶의 선택지에서 특정한 종류의 삶을 계속 삭제해 '가능성을 축소'하려는 경향이다. 인생의 모든 것이 선택이 된 시대에서 나의 선택 가능성을 줄여나감으로써 삶의 확신을 얻고자 하는 것이다. 달리 말하면 이러한 현상은 직업, 결혼 여부, 시간을 보내는 방식 등 라이프 스타일 전반이 '무한 선택'이 된 시대가 만들어내는 부담의 결과이기도 하다.

타인의 불행에 몰두하고 그러한 콘텐츠를 생산하며 소비하고 그렇게 얻은 확신을 다시 확산시키는 일련의 현상 밑바탕에는 시대적인 불안이 깔려 있다. '어떤 삶을 살아야 좋은

가'에 대한 대답을 찾기 위해 가장 먼저 배제할 대상, 조롱하며 편견을 덮어씌울 대상들을 물색하는 것이다. 그렇게 비난이나 편견을 가득 쌓은 매립지 위에 자기 삶을 올려놓는다. 내 삶을 선택하기 위해서, 내 삶 속에서 온전히 안심하기 위해서는 다른 삶들을 쓰레기처럼 땅속에 파묻고 그 위에 올라서야 하는 것이다.

반대로 완벽하다고 이상화된 어느 환상적인 삶들은 선망의 대상이 된다. 사회 전체에서 부를 거머쥔 극소수의 화려한 삶들이 환영처럼 골방을 틀어 채운다. 각종 SNS와 방송에 전시되는 인플루언서나 연예인의 삶이야말로 유일하게 살 만한 완벽한 삶처럼 비치기 시작하는 것이다. 결국 우리 문화에서 전시되고 거론되는 삶이란 두 가지밖에 없게 된다. 내가 깔고 앉은 불행의 삶과, 내가 선망하고 질투하는 완벽한 삶 말이다.

삶에 대한 인상을 이처럼 양극단으로 가지는 일은 개개인의 삶에 실질적인 영향을 미친다. 이런 문화 안에서는 불행한 삶과 비교하며 자신이 낫다고 안심하다가 부러운 삶에 닿지 못함에 절망하는 '양극성 감정'을 매일같이 경험한다. 삶의 내부에서도 쉴 새 없이 크고 작은 상승과 몰락이 이어지는 것이다. 이렇게 골방에 갇혀 있는 양극적 감정 상태야말로 우리 사회의 주된 감정이라고 봐도 크게 틀리지 않을 것이다. 언젠가 우리 사회의 주된 감정을 '분노'라 부를 수 있는 때가 있었다면, 이제 감정적 경향은 '양극성 분열'로 정의돼야 할 때가 되지 않았나 싶다. 그리고 이런 감정은 개개인의 삶뿐만 아니라 사회 전체를 갉아먹는 모래 지옥이 되고 있을지도 모른다.

부러움과 질투,
박탈감

❖

"부러움은 갖고 싶지만 지금 나에게 없는 것과 관련 있는 반면, 질투는 갖고 있지만 잃어버릴까 봐 두려운 것과 관련 있다."

이는 심리치료사인 에스터 페렐(Esther Perel)이 내린 정의다. 우리나라의 최근 문화는 부러움과 질투라는 거대한 두 축에 의해 이루어지고 있다고 봐도 과언이 아니다. SNS는 그야말로 부러움이 넘쳐나는 현장이다. 내가 갖지 못한 외모, 환경, 집, 명품, 여행, 저녁 등이 범람하고 있고 누구나 즉각적으로 그런 '부러움의 이미지'에 닿는다. TV만 틀면 나오는 연예인들 또한 언제나 부러움의 대상이다. 혼자 사는 연예인은 싱글의 화려함을, 아이를 키우는 연예인은 부유한 육아를 과시한다. 부러워할 대상이 시시각각 눈앞에 놓이면서 '부러움을 강요당하는 사회'가 이미 만들어졌다고 봐도 과언이 아니다.

반면, 페렐이 말하는 질투는 대개 연인이나 반려자의 외도나 한눈파는 일과 관련되어 있다. 질투는 나의 연인을 잃을지도 모른다는 공포심에서 발생한다는 것인데, 보다 근원적으로는 '나 자신'을 잃게 될지도 모른다는 공포라고 보는 게 타당할 것이다. 반려자의 외도는 상대방으로 하여금 그가 헌신한 시간, 서로 사랑한다는 믿음에 뿌리내리고 있었던 자아 정체성, 함께 만들어가는 삶에 부여했던 가치 전체를 잃게 만든다는 점에서 상대방의 자아를 살해하는 일과 같다. 다시 말해, 질투가 심층적으로는 일종의 자아 살해 공포와 관련되어 있다는 것이고, 이 또한 최근의 문화와 무관하지 않아 보인다.

사람은 무언가 부럽다면 먼저 그것에 도달하고 싶어 한다. 인스타그램에서 본 '호캉스(호텔에서 바캉스를 보내는 휴가 방식)'가 부럽다면 당장 이번 주말이라도 그런 호캉스를 떠나고자 한다. 자기가 가지지 못한 명품이 부럽다면 20개월 할부를 해서라도 명품을 가지고자 한다. 실제로 명품 가방이나 고급 외제 차 등에 대한 소비가 폭발적으로 늘어나는 현상은 '부러움의 문화'가 우리 사회를 얼마나 강렬하게 지배하고 있는지를 보여준다. 나아가 온갖 분야에서 성공한 사람들의 유튜브 채널도 크게 인기를 끌고 있다. 사람들은 성공한 이들이 전면에 등장하는 각종 브이로그(vlog, 일상생활을 담은 인터넷 동영상 게시물)를 보며 그들을 닮고 싶어 하고, 그들이 입은 옷, 그들이 장착한 아이템, 그들의 라이프 스타일을 모방하며 소비한다.

그러나 부러움만으로 설명되지 않는 현상도 있다. 바로 그런 유명인이나 인플루언서에 대한 저격과 비난, 악성 댓글 등에 담긴 적개심이다. 매일 유명인이 태어나고 몰락한다고 봐도 좋을 정도로, 사람들은 그 누군가를 부러워하는 만큼이나 그 누군가의 몰락을 바란다. 이 잡듯이 한 사람의 발언을 찾아내어 매도하거나 폄훼하기도 하고, 악마라 규정짓는 놀이를 즐기며 그들의 몰락에 쾌감을 느끼기도 한다. 이는 때로 사람들이 자신이 부러움을 느끼는 바로 그 대상에 대해 일종의 사회적 살해 욕구를 느낀다는 의미가 된다.

그 이유는 어느 대상에게 부러움을 느낌과 동시에 박탈감도 느끼기 때문이다. 자기 자신이 초라해지고 주류의 세상에서 쫓겨난 기분이 들며, 자아가 점점 작아져서 결국 자기가 살해당할 것 같은 공포를 느끼는 것이다. 내가 가지지 못한 것을 가진 존재는, 그 순간 내가 가진 것조차 앗아갈 것 같은 존재가 된다. 내가 지켜왔던 나라는 존재, 나름대로 열심히

살고자 애쓰며 존중받길 바랐던 나의 삶, 인정받고 성취하길
원했던 나의 자아가 그들 앞에서 왜소해지며 '아무것도 아닌
것'처럼 느껴지는 것이다. 이 박탈감 또는 소외감이야말로
자아에 대한 살해 위협이며 근원적인 공포심이다.

결국 최근의 문화는 부러움과 질투라는 두 가지 감정에 지
배당하면서, 일종의 순환 시스템을 만들고 있다. 누군가를
부러워하고 모방하다 좌절하며 질투하는 그 과정에서 감정
의 대상이나 소비의 주체 모두 상승과 몰락을 겪는 것이다.
부러움과 질투의 문화란, 수많은 사람들이 사회적·감정적인
상승과 몰락을 겪는 진폭이 커지고 그런 반복이 빈번해지는
문화다. 이런 문화 안에서는 누구도 온전히 자기 자신을 지
켜나가기 쉽지 않다. 우리는 부러움과 질투로 서로 더 견디
기 어려운 세상을 만들어 나가고 있는 것이다.

독설 문화를
경계하다

◆

세상의 무수한 콘텐츠들이 '이렇게 살면 안 된다'를 설파하고 있다. 가령 '결혼하고 출산하면 인생 망한다', '비혼으로 살면 결국 외롭고 초라해진다', '평생 직장인으로만 사는 건 한심하다', '지금 재테크에 뛰어들지 않는 건 어리석다', '집에서 유튜브랑 넷플릭스만 보는 인생은 발전이 없다' 등 온갖 삶에 대한 독설이 대유행하는 시대다. 아마도 그런 독설들을 모두 모아 보면, 결국 세상의 거의 모든 삶이 부정돼야 마땅한 것들일 것이다.

이런 식의 독설들은 타인의 삶에 대한 '저격'이면서, 동시에 사람들의 '자책감'을 자극하며 강화되는 것 같다. 문제는 저격과 자책감 다음이다. 스스로의 삶을 부정하고 타인의 삶을 부정한 다음 '행복의 이상'에 이르는 계단은 대개 준비되어 있지 않다. 당장 자격증을 준비하거나 재테크에 뛰어드는 의욕을 가질 수는 있겠지만, 과연 그다음에 정말 이상적인 행복이 기다리고 있을까? 달리 말해, 저격과 자책감을 통해 얻는 자극은 우리 삶을 실제로 더 나은 곳으로 데려갈까?

타인들의 삶에 대한 저격은 늘 일정한 쾌감을 동반한다. 타인들의 삶을 깎아내림으로써 자기 삶은 괜찮다는 위안을 얻는 일이 그 속에 숨어 있다. 또한 내가 타인의 삶을 규정하고 평가할 수 있다는 '힘의 확인'에서 오는 쾌감 또한 적지 않다. 한 명의 방구석 심사위원처럼 세상 모든 삶을 평가하고 비난하면서 마치 힘을 가진 듯한 착각을 느끼는 것이다.

마찬가지로 자책감 또한 중독적인 쾌감을 불러올 수 있다. 스스로를 꾸짖는 일은 그 자체로 자신이 보다 나은 삶에 대해 알고 있다는 '앎의 쾌감'을 준다. 자책감이 일종의 피학적인 쾌감을 동반하는 이유는 '꾸짖는 자'와 '꾸짖음을 당하는 자'가 결국은 모두 자기 자신이기 때문이다. 수많은 문학인, 철학자, 성직자 중 상당수가 평생에 걸쳐 자책감에 몰두하는 데는 그만큼 자책감이 주는 '확인의 쾌감'이 강렬하다는 이유도 있을 것이다. 나는 나를 꾸짖을 때, 드높은 위치의 현인이나 스승이 된다.

이렇게 '독설 문화'는 개개인의 쾌감을 먹고 산다. 하지만 정말 그것이 그 수많은 삶을 더 낫게 만드는지는 의문스럽다. 오히려 나의 개인적인 경험을 돌이켜보면, 삶을 보다 나은 것으로 이끌어가는 핵심에는 '모범'과 '긍정'이 있었다. 반면교사를 보며 비난하는 쾌감을 느끼는 것보다, 진심으로 닮고 싶은 모범적인 삶을 깊이 들여다보는 것이 언제나 더 '삶'이 되었다. 물론 모범이라 믿었던 삶을 따라나서면서 다시 믿음을 수정하기도 하고 이상과 현실의 다른 점을 확인하기도 했다. 그러나 그럴 때도 더 중요한 것은 새로운 반면교사가 아니라 새로운 모범들이었다.

마찬가지로 때로는 내 삶에 경각심을 불러일으키는 자책감이 도움이 될 때도 있었다. 그러나 자책감만으로는 삶을 더 나은 것으로 만들 수 없었다. 그보다는 내 삶에서, 내가 보내는 시간에서, 내가 노력해온 것들 속에서 무언가 가치 있고 긍정할 만한 것을 발견했을 때 오히려 삶에 추동력이 생겼다. 삶은 스스로를 깎아내릴 때보다 아주 작더라도 자기가 이미 무언가 가치 있는 것을 지니고 있다고 믿을 때 더 살아났다. 모험이나 도전, 열정을 이끌어내는 것은 스스로를 비하하는 것보다는 내 안에서 긍정할 만한 '조각'을 찾아내는 것과 더 관련 있었다.

나는 항상 유행하는 문화를 의심하는 버릇이 있다. 독설 문화 또한 다르지 않다. 물론 나도 때로는 세태를 비판하기도 하고 스스로 삶을 돌아보며 자책하기도 한다. 하지만 삶을 살아가는 마음의 핵심이 그에 머물러서는 안 된다고 믿는다. 마음은 보다 가치 있는 것들로 가득 채워질 때 그 힘을 온전히 발휘할 것이다. 비난하고 싶은 삶에 존중하거나 존경할 점은 없는지, 하잘것없어 보이는 나의 하루에도 보람을 느끼거나 칭찬해줄 만한 것은 없는지 항상 더 많이 생각해야 한다. 독설가들의 먹이가 되지 말아야 한다.

이중성에 치를 떠는
이유

❖

최근 우리 사회가 가장 혐오하거나 증오하는 것 중 하나가 '이중성'이라는 생각이 든다. 겉과 속이 다른 것, 겉으로는 고매한 척하지만 속은 탐욕으로 이글거리는 것, 정의로운 척하지만 알고 보면 똑같이 자기 이익만 챙기기 바쁜 것, 도덕과 윤리를 설파하지만 알고 보니 성범죄자에 가까운 것 같은 이중성이야말로 가장 치를 떨게 만든다. 이런 이중성에 대한 분노에는 그 전제로 어떤 대상에 대한 크고 작은 '믿음'이 깔려 있다. 대개 그 믿음에 대한 배반이 이런 분노를 폭발시킨다.

알게 모르게, 이런 유명인에 대한 이중성을 경험하는 것은 대부분의 사람이 인생에서 겪어본 트라우마적인 경험을 소환하는 것 같다. 우리나라에서 사기죄는 한 해에만 수십만

건이 발생할 정도로 가장 많이 일어나는 형사사건이고, 성인 5명 중 1명꼴로 사기 피해 신고가 접수된다고 한다. 경제협력개발기구(OECD) 회원국 중 사기 범죄율 1위라고 한다. 타인을 속이고 배반하는 일이 얼마나 비일비재한지 알 법하다. 나도 살면서, 세상 가장 조심해야 할 것이 사람의 이중성이라는 걸 여러모로 느껴왔다. 가장 상처받은 것도 그런 이중성 때문이었고, 주위의 많은 사람이 살면서 사기죄에 가까운 일들을 당했다. 내 앞에서 생글생글 웃고 한없이 잘해주던 사람들이 바로 뒤에서는 어떤 뒷담화와 작당을 하고 있을지, 공중화장실 변기 뚜껑 아래 무엇이 있을지보다 알 수 없는 세상이다.

특히 사회에서 돈 있고 권력 있는 사람들에게는 거의 항상 조심할 수밖에 없는데, 이들은 약속한 돈을 제대로 줄지 알 수 없고 어떤 식으로 자기 마음대로 갑질을 해댈지 예측할 수가 없기 때문이다. 청년 시절, 주변 친구들이 한 줌의 권력이라도 있는 연장자들로부터 얼마나 갑질 당하며 범죄에 가까운 일들을 당했는지 생각해보면, 그리고 그들이 처음에는 얼마나 달콤한 말로 사람을 구슬리고 좋은 사람인 양 행동하곤 했는지 떠올려보면, 사람들이 이중성에 치를 떠는 것도 당연하다. 더군다나 그런 이중성이 넘쳐나는 세상에서 그나마 조금이라도 믿고 싶었던 사회의 어른들, 정치인들, 지식인들, 종교인들이 누구보다도 이중적이었다는 사실에는 더 절망적인 배신감을 느낄 수밖에 없다.

사실 사람은 다 어느 정도 이중적이고 자기모순적이어서 완벽한 인간이란 존재할 수 없다. 또한 사람은 믿고 싶은 대로 타인을 믿기 마련이니, 누군가를 실망시키는 게 꼭 그 사람의 잘못이라고 볼 수도 없다. 그러나 의도적으로 자신을 믿게 만들거나 사람들을 기망하며 부와 명예와 권력을 쓸어담으면서도 실제로는 그와 전혀 다른 삶을 살아가고 있다면, 그에 대한 사람들의 실망감에는 정당한 데가 있다. 때로는 그만 속고 그만 의심하고 싶기도 한 것이다.

여러모로 사람 하나 믿기가 참으로 쉽지 않은 시절이다. 그러다 보니 내가 그 누군가를 쉽사리 믿지 않는 건 둘째 치고, 그 누군가가 나를 너무 믿지 않아 주었으면 하고 바랄 때도 있다. 믿음의 배반이 트라우마처럼 퍼져 있는 사회이다 보니 서로에 대한 비난도 그만큼 횡행하고, 딱히 누군가로부터 믿음이라는 걸 얻고 싶지 않다는 회의적인 생각마저 들곤 하는 것이다. 그러나 사회가 아무리 그럴지라도 인간은 또 자신을 믿어주고 자기가 믿을 누군가를 찾아 나선다. 우리는 서로 기대어야만 살아갈 수 있기 때문이다. 누구도 완전한 고독 속에서 누구도 믿지 않으며 살 수는 없다. 믿음이란 곧 삶의 조건과 다르지 않은 셈이다. 그렇게 보면 이중성에 대한 이 넘쳐나는 분노도 이해가 간다. 우리는 살기 위해서, 이 삶을 사랑하기 위해서 그 누군가를 믿어야만 하기 때문이다.

오징어 게임을 만드는 시스템

◆

　개인적으로 드라마 〈오징어 게임〉에서 가장 공감한 것은 '상우'라는 캐릭터였다. 다른 인물한테서는 그다지 동질감이라는 걸 느끼지 못했는데 그에게서는 묘한 공감을 느꼈다. 그는 본인의 생존을 최우선으로 하며 선량한 척 사기를 치기도 하는 존재로 그려진다. 그런데 내가 그 게임에 참가했더라면 아마 상우처럼 했을 것 같다는 생각이 들었다. 나도 살기 위해서 그만큼 비열했을 것이고 나의 생존이 다른 도덕법칙보다 더 중요했을 것이다.

　내가 살기 위해서, 나의 가족을 생각하며, 가족이 있는 다른 그 누군가를 죽였을 것이다. 내가 죽일 상대에 대해 연민과 고통을 느끼면서도 그렇게 했을 것 같다. 다른 사람의 아픔을 알더라도 살기 위해 규칙에 복종하고 내 안의 공감 능력을 억누르면서, 나와 내 가족을 위해 필요한 냉정한 일들을 했을 듯하다.

다행인 점은, 살아가면서 그렇게까지 끔찍한 제로섬게임에 내몰릴 일은 별로 없을 거라는 점이다. 대개 우리 사회에서의 경쟁이라는 것에서는 협력과 상생이 가능하다. 말하자면 게임에 참가한 456명 중 1명만 살 수 있는 '오징어 게임'과 달리 최소한 10명, 많게는 200명쯤은 살아남을 수도 있는 게 이 사회의 경쟁이나 게임에 가깝다. 그러니 협력과 윈윈 같은 게 가능하고 그렇게까지 잔인해질 일은 거의 없다. 그럼에도 '오징어 게임' 같은 상황이 된다면 쉽게 포기하지 않고, 비인간성 앞에 낙담하거나 좌절하지 않고, 내 안의 모든 능력을 다하여 나를 살리고 내 가족을 지키고 다른 모든 이들을 죽이기 위해 발버둥 칠 것 같다.

그런 경쟁에 가장 가까운 분위기를 느꼈던 건 로스쿨에서의 수험 생활이었다. 모두가 밤낮없이 서로를 이기기 위해 피 토하듯이 공부하는 현장이란 분명히 잔인한 데가 있었다. 가령 1000쪽 정도 되는 시험 범위에서 누군가는 900쪽만 외우고 남은 100쪽 어딘가는 외우지 못했을 수도 있다. 그런데 바로 그 부분이 시험에 나오면 그는 하늘이 꺼져라 좌절하고 다른 누군가는 환호성을 지른다. 비슷하게 고생하더라도, 누군가는 머리가 더 좋거나 요령이 있거나 운이 좋아서 남들을 이긴다. 그렇게 이겨야만 하는 경쟁이 버겁지 않았다면 거짓말일 것이다.

다행이었던 건 내 목표가 1등이 아니었다는 점이다. 내 목표는 안정적으로 절반 정도 안에 드는 것이었고, 그래서 사람들과 협력할 여지도 있었다. 그러나 개중에는 그야말로 1등만이 목표여서 더 살벌하게 경쟁하는 이들도 있었으니, 아마 그에게는 수험 생활이라는 게 '오징어 게임'과 다르지 않았을 것 같다. 한편으로는 그런 경쟁이야 우리 사회에서 겪지 않는 사람이 어디 있겠나 싶다. 내신, 수능, 공무원 시험, 취업, 전문직 시험, 각종 공모전, 회사에서의 승진 등의 경쟁과 중상모략…. 그 과정에서 내가 제일 잘되어야 한다는, 망하는 게 내가 아니려면 다른 누군가는 어쩔 수 없이 망해야 한다는 심리가 이 사회의 디폴트(default, 기본값)가 아닌가 말이다.

'상우'는 456명 중 2명이 남은 상황에서 스스로 목숨을 끊는다. 그런데 그 죽음은 양보가 아니다. 게임의 규칙에 따라 1명만 456억 원을 가질 수 있다. 2명이 살려면 상금도 게임도 포기해야 한다. 상우는 자신 때문에 모든 재산을 잃은 어머니를 부탁한다는 말을 남기고 목숨을 포기한다. 그러니까 그는 결국 자기 자신 또는 자기 가족인 어머니를 포기할 수 없었다. 나라도 그랬을 것이다. 그 순간에 양보하기 위해서가 아니라, 내가 책임져야 하는 '내 것'을 위해 마지막을 선택했을 것이다. 그러니까, 그 시스템 안에서는 그럴 수밖에 없을 것이다. 시스템 안에서는 사실상 다른 선택의 여지가 없다. 문제는 시스템인 것이다.

그러므로 우리가 얼마나 좋은 마음으로 살아가는지 못지않게 어떤 시스템을 만들어갈지도 중요하다. '오징어 게임'의 시스템에서는 모두 살인자가 될 수밖에 없다. 우리 사회 또한 극심한 경쟁과 각자도생으로 몸살을 앓고 있다. 어떻게 하면 이 사회가 '오징어 게임'이 아니라 사람을 살리는 시스템으로 가게 할지에, 모든 이들의 운명이 달려 있을지도 모른다.

빼앗긴 시간은
어디로 갔는가

❖

몇 해 전 〈매일경제〉 칼럼에서 '시심비'라는 용어를 썼던 적이 있다. 청년 세대에게 갈수록 시간이 없어지는 현상을 이야기하면서, 무엇이든 짧은 시간 안에 얻을 수 있는 만족이 중시되는 것을 시심비라고 이름 붙였다. 가령 유행하는 유튜브 영상 재생 시간이 갈수록 짧아지는 것, 드라마 시리즈조차 짧아지는 것, 책도 얇아지고 글자 수가 적어지는 것, 그 모든 걸 시심비 중심 콘텐츠의 유행이라고 볼 수 있다. 나아가 인스타그램 등 이미지 중심의 SNS도 시간절약적 측면이 강하다. 피드 하나를 보는 데 2~3초면 충분한 구조, 사진만 찍어 올리면 10초 만에 타인과 연결될 수 있는 자기 전시 같은 것들도 모두 '짧은 시간'과 관련되어 있다.

그런 칼럼을 쓴 뒤로 1년쯤 지나 문득 생각이 나서 시심비라는 용어를 검색해보았다. 재밌었던 것은 그 용어가 꽤 여러 주요 언론에서 쓰이고 있고, 시사상식사전에도 올라가 있는 것이었다. 나름대로 문화를 비평하고 분석해왔던 입장에서는 이런 식의 반향이랄 게 여러 면에서 의미 있게 느껴졌다. 스스로 문화평론가라는 자아의 한 측면을 확인받는 느낌이 들기도 했고, 다른 한편으로는 이런 용어가 지금의 청년 세대가 처해 있는 불합리한 측면을 더 이해하게 해주었으면 했다. 애초에 칼럼에서도 나는 결론을 '시간 불평등 사회'로 맺었다.

웹툰 1일 치 연재분, 5분 내외의 유튜브 영상, 5~6편짜리 넷플릭스 드라마, 짧은 기사나 이미지 중심의 피드가 유행하는 것은 그만큼 청년 세대에게 '시간이 없다'는 뜻이다. 옛날같았으면 대학교 신입생은 술 마시느라 바빠야 하지만 요즘에는 신입생 때부터 학점 관리, 스펙 쌓기, 취업 준비로 분주하다. 토익 학원, 한국사 학원, 공무원 학원 등 고등학생 때보다 더 많은 학원을 다닌다. 경제적 독립도 어느 정도 필요하므로 아르바이트나 과외도 해야 한다. 자기소개서에 쓸 대외 활동도 해야 하고 스터디도 끼고 살아야 한다. 그러고 나면 당연히 도스토옙스키 전집을 읽는다든지 두세 시간 하는 영화를 진득하게 보고 앉아 있을 시간이 없다.

그런데 이 '시간'이 없다는 건 물리적인 시간도 그렇지만 정신적인 시간이 없다는 의미도 된다. 물리적 시간 부족에 시달리는 게 습관화되면, 막상 여유로운 시간이 어느 정도 주어지더라도 그 시간을 '긴 시간'으로 누릴 수 없게 된다. 긴 시간의 여유 자체가 불안해서 분 단위로 나를 자극시켜주고 채워줄 것을 찾아야 한다. 시간 여유가 없는 삶 자체가 우리의 정신 구조를 바꾸고 결국 인생 전체를 지배하는 단계까지 가는 것이다. 그 근원에는 어렸을 적부터 시달려왔던 무한 경쟁, 인생의 모든 걸 스펙으로 평가받는 문화, 촉각을 다투며 성장하고 쉬어야 하는 '습성'이 있다.

과거에는 인생을 긴 마라톤으로 보는 비유가 유행하곤 했지만, 요즘 시대 또는 세대의 삶이란 끝없는 단거리 달리기의 연속에 가깝다. 100미터 달리고 나면 또 100미터, 곧바로 또 100미터를 달려야 한다. 그 사이 쉬는 시간이라는 게 있긴 하겠으나 잠깐 숨 돌릴 시간 정도이다. 그 시간에 무얼 할 수 있겠는가? 잠깐 쉬는 모습을 사진 찍어서 SNS에 올리고, 유튜브로 웃긴 영상을 보고, 익명 커뮤니티에 댓글 몇 줄 남기고, 인터넷 쇼핑 하고 나면 다시 달려야 한다.

한때 온통 술집에 막걸릿집 천지였던 대학가는 이제 상당 수가 공부하는 학생들로 채워진 카페들로 대체됐다. 이들은

단군 이래 최고의 스펙을 쌓으면서, 단군 이래 최고의 취업
경쟁률 속에서 경쟁한다. 취업을 한다고 끝도 아니다. 취업
을 하고 났더니 부동산 등 자산의 가치가 급상승하여 어느새
'벼락 거지'가 된 현실이 있고, 이제는 평생 집 한 칸 마련하
기 위해 매달 빚 갚으며 살아가야 한다. 최근에는 청년 세대
사이에서 'N잡러'로서의 삶이나 재테크에 대한 관심이 크게
유행하고 있는데 '집에 돌아가서도 부업으로 돈 벌자', '쉬는
시간에 재테크 안 하면 희망이 없다'라는 게 그 바탕에 깔린
전제다.

그렇다면 이렇게 청년 세대가 온통 빼앗긴 시간은 누구의
것이 되어 있는가? 누가 시간의 혜택을 누리고 있는가? 누가
시간 부자로 살고 있는가? 모르면 몰라도, 그들은 생존을 건
경쟁에 시간을 갖다 바치지 않아도 되는 어떤 계층과 관련이
있을 것이다. 그런 계층은 점점 더 소수가 되어갈 것이며, 그
런 소수의 시간은 반대로 점점 늘어날 것이다. 한 사회에는
시간 총량이라는 게 있기 마련이다. 시간은 노동이고 곧 자
본이다. 그러므로 이 사회의 불평등과 양극화의 핵심에 '시
간'이 있음을 무시할 수 없을 것이다. 우리는 시간 불평등 사
회에 살고 있는 것이다.

실패를 규정하는
시간표

❖

　우리 사회에서의 실패란 주로 '시간'과 관련되어 있
다는 점에서 유독 잔인한 데가 있다. 모든 일에 대해 사회가
상당히 엄격한 스케줄러를 갖고 있고 그를 충족시키지 못하
면 '패배자'라는 낙인이 찍힌다. 대학 입학을 위한 나이, 취
업이나 신입사원에 적절한 나이, 결혼을 하거나 아이를 낳아
야 하는 나이, 아파트를 사거나 골프를 쳐야 하는 나이 같은
것들이 꽤나 광범위하게 암묵적인 룰을 형성하고 있다.

　이러한 룰 또는 사회적 시간표는 개개인들에게 초조하고
불안한 마음, 뒤처지고 있다는 강박이나 도태되었다는 기분
을 심화시키는 듯하다. 아이들은 숫자를 배우기 시작하는 나
이부터 형이나 누나, 동생을 구별하는 법을 익힌다. 나이란
사람과 사람의 관계, 즉 사회관계에서 절대적인 무언가라는

것을 미리부터 알기 시작한다. 존댓말, 서열, 누구 말을 들어야 하고 누가 리더가 되어야 하는지, 그런 것들을 배우면서 '나이'와 '시간'에 스며든 권력을 익힌다.

시간이 곧 권력이라는 것은 달리 말하면 그 시간을 온전히 따라가지 못하면 권력을 잃는다는 뜻도 된다. 처음에는 자연스레 나이만 먹으면 권력을 얻지만, 나중에 이 '시간 권력'은 그때그때의 미션, 통과의례들을 요구한다. 숨 가쁘게 흐르는 시간 속에서 그 시간이라는 기차에 계속 올라탈 것을 요구한다. 그러다 그것을 한 번 놓치고 두 번 놓치기 시작하면, 그는 나잇살만 먹은 존재가 된다. 사회는 그가 자신의 시간을 따라오지 못한 패배자라고 규정하기 시작한다.

가만히 생각해보면 이런 개념은 매우 이상한 데가 있다. 사실 사람마다 신체 나이에는 차이가 있다. 누군가는 신체적으로나 체력적으로 빨리 늙고 또 누군가는 천천히 늙는다. 신체 나이뿐 아니라 정신이나 마음의 나이에도 차이가 있기 마련이다. 누군가는 나이가 들어도 젊을 때와 같은 활력과 에너지를 유지하지만 누군가는 그렇지 않다. 그런 무수한 차이를 무시해버린 채 사회가 만들어놓은 어떤 시간 개념을 개개인들에게 부여하는 순간, 이것은 대단한 폭력이 될 수도 있다. 이런 사회에서는 같은 해의 1월생과 12월생만 하더라도 여러모로 불평등하다.

우리 사회가 실패에 잔인한 사회라곤 하지만 그 실패의 개념에서 '시간'만 빼도 덜 잔인한 사회가 될 것이다. 삼수를 해서 대학에 들어가도 이상한 나이에 들어온 게 아니라는 인식, 취업이나 결혼을 늦게 하더라도 정상성에서 벗어난 게 아니라는 사고방식, 몇 년 정도는 인생에서 소위 '실패'를 하더라도 허송세월한 게 아니라는 당연한 상식 같은 것들이 널리 통용된다면 실패도 그렇게 무서운 건 아니다. 인간은 누구나 도태되고 뒤처지며 박탈당하는 걸 가장 무서워하기 때문이다. 대부분의 동물들이 그렇듯이 말이다.

모든 삶에는 각자의 시간이 있기 마련이다. 누군가는 조금 빨리 자기 길을 찾기도 하고 다른 누군가는 조금 늦게 찾기도 한다. 조금 오래 걸려서 능숙해질 수도 있고 빨리 적응할 수도 있다. 사회는 그 모든 것을 일률적이고 폭력적으로 분류하는 심판관이 될 게 아니라, 그 다양한 시간을 유연하게 받아들일 수 있는 무대가 되어야 한다. 우리가 만들어가는 문화도 그런 다양한 시간이 존중받을 수 있는 이야기들로 채워져야 할 것이다.

나태함이 문제가
아니다

❖

    요즘 청년 세대 사이에서는 '나태함'이 유독 화두인 것처럼 보인다. 나태함을 극복하고 싶은데 어떻게 해야 좋을지 모르겠고, 계속 의욕 없는 상태로 시간만 낭비하는 것에 대한 자조가 꽤 널리 퍼지고 있는 듯하다. 한때는 무엇이든 '하지 마라', '안 해도 된다', '놀아라', '적당히 살자' 같은 게 일종의 트렌드였다면 최근에는 그 반작용처럼 나태함에 대한 반성이 퍼지는 것 같기도 하다.

  이런 현상은 무언가를 미루거나 좀처럼 선택하지 못하는 일과도 깊이 연관되어 보인다. 연애는 '썸'에서 끝나는 경우가 많고, 한 사람을 택해서 깊이 몰입하며 관계 맺는 것이 쉽지 않다. 무언가 하나에 몰두하여 자기만의 능력을 가지기보다는 다양한 것들에 관심을 가졌다가 금방 포기하는 경우가 많다. 영화 한 편에 진득하게 몰입하며 몇 시간을 보는 것도 어려워서 유튜브의 알고리즘에 따라 몇 분짜리 영상만 좇다가 시간이 지나가기도 한다.

이를 한마디로 정의하면 '선택의 어려움'이라 말할 수 있다. 그렇게 보면, 나태함 그 자체는 본질이 아니다. 백수가 과로사한다는 말도 있듯이, 나태한 사람들 역시 아무것도 하지 않는 건 아니다. 다만 무언가에 몰입하는 일 자체에 두려움이 있고 그 두려움 앞에서 수많은 것들을 전전하다가 어느덧 스스로 나태하다고 자책하는 것이다.

그렇기에 관점을 전환할 필요가 있다. 무언가를 하지 않는 게 문제가 아니라, 무언가를 선택할 수 없는 게 문제라고 말이다. 무언가를 선택하려고 하면 그것을 하지 말아야 할 온갖 이유들이 사방에서 쏟아진다. 인터넷 커뮤니티에서 퍼지는 자료 중에는 '자동차를 사려고 커뮤니티에 물어봤다가는 결국 람보르기니 말고 살 게 없다는 결론에 이른다'는 이야기도 있다. 그 외의 자동차들은 다 사면 안 되는 이유가 있다는 식의 댓글이 엄청나게 달린다는 것이다.

이러한 소비의 선택에서부터, 거의 무한에 가깝게 쏟아지는 콘텐츠와 유행들, 그리고 인생과 꿈은 우리가 '스스로 선택'해야 한다는 통념까지 겹치면서 선택 자체에 대한 어마어마한 부담이 존재하지 않나 싶다. 당장 지난 1년간 대단한 걸한 적 없더라도, 오늘부터 1년간 공부해서 자격증 하나 딸 마음 먹기가 쉽지 않다. 그것이 의미 없는 짓이나 허송세월이 될까 봐 두려운 것이다.

특히 대부분의 일들은 즉각적인 효용이 있기보다는 장기적으로 시간을 갈아 넣어야만 의미가 있다는 점도 선택을 어렵게 한다. 글쓰기만 하더라도 나는 몇 년은 써야 의미 있는 결과를 낼 수 있다고 믿는 편이다. 그러나 몇 년간 모호한 성취를 믿고 꾸준하게 글을 쓰는 모험에 뛰어드는 게 쉽지 않다. 모든 일이 다르지 않을 것이다.

한편으로는 청년 세대가 청춘을 시한폭탄처럼 여길 수밖에 없는 조건도 있을 것이다. '대학 졸업 전까지, 혹은 서른 살 때까지, 늦어도 서른다섯까지는 무언가 확실한 것을 이루어야 한다. 그렇지 않으면 도태되고 추락한다' 같은 불안이 매 순간 무언가를 선택하고 그에 몰입하는 데 결정적인 장애물이 되기도 한다. 그렇게 불안과 두려움 속에서 '놀아도 돼, 열심히 안 살아도 돼. 하지 않아도 돼' 같은 구호에 위안받다가, 어느 순간 자신이 너무 나태하게 살았다며 자조하게 되는 것일 수 있다.

이것은 지도 없는 시대, 모든 것이 자율적 선택이 된 시대의 현실이자 무언가를 이루고 쌓기엔 너무 거대해진 시대적 격차의 문제일 뿐, 청년 세대 개개인의 잘못이라고 볼 수는 없을 것이다. 그럼에도 이 시대를 결국 이겨내기 위해서는 무언가를 선택해야만 할 것이다. 피부를 찌르는 것 같은 불안을, 의욕을 말려버리는 두려움을 이겨내고 선택하는 것만이 이 시대를 건너는 유일한 방법이 아닐까 싶다. 나태한 것이 아니라 선택하지 못하는 것이다. 그리고 모든 것이 선택을 너무 어렵게 만들고 있더라도 우리는 선택을 할 수밖에 없다.

하이퍼 리얼리즘
코미디

❖

　유튜브 채널 〈피식대학〉을 시작으로 각종 코미디
프로그램 전반이 '하이퍼 리얼리즘(극사실주의)'이라고 지칭
되며 확산되고 있다. 가령 중년 남성들의 산행을 최대한 있
는 그대로 재현하며 희화화하는 〈피식대학〉의 코너 '한사랑
산악회'는 폭발적인 인기를 끌었다. 비슷한 시기에 〈SNL 코
리아 시즌2〉에서는 '주현영 인턴 기자'라는 캐릭터를 내세운
'주 기자가 간다'라는 영상을 만들어 인턴 사원의 미숙한 프
레젠테이션을 하이퍼 리얼리즘 형식으로 재현했는데, 이 또
한 청년 세대에서 가히 장안의 화제가 되었다. 청년들은 대
학 신입생 시절 발표했던 기억을 떠올리면서 민망함에 몸부
림치기도 하고, 세상에 이보다 더 웃긴 영상은 본 적 없다는
등의 반응을 보였다. 주 기자의 영상은 남녀 커뮤니티와 SNS

가릴 것 없이 온 인터넷 세상에 전파됐다.

하이퍼 리얼리즘이라고 불리는 이런 유머 장르는 사실 낯선 것이 아니다. 오래전부터 소설 또는 영화, 그 밖의 거의 모든 콘텐츠는 '재현'을 기반에 두었다. 유머러스하면서도 정곡을 찌르는 재현 기법은 헤밍웨이나 샐린저의 작품을 비롯한 영미 단편소설, 각종 희극의 일반적인 기법이었다. 근래에는 기존의 공영방송 틀 안에서 '억지 웃음'을 짜내던 개그 프로그램들이 한계에 부딪히거나 폐지되고 1인 미디어가 발달하면서 그야말로 자유로운 재현 개그와 유머 문화가 폭발하듯 터지고 있다. 그 특징은 대부분 '리얼'과 관련되어 있다.

〈가짜 사나이〉 같은 여러 유튜브 예능 또한 일종의 리얼리즘을 추구했다. 공중파 예능도 각종 리얼리티 쇼, 관찰 예능으로 '리얼'을 좇긴 했지만, 이는 유튜브 등에서 확산되는 최근의 리얼에 비하면 가짜 리얼에 불과하다. 흥미로운 건 리얼을 넘어선 하이퍼 리얼리즘이라는 새로운 개그 장르인데, 그 기법에는 특별할 게 없다. 그냥 최대한 있는 그대로를 재현하는 것이다. 리얼을 연기로 보여줄 뿐이다. 그러면 사람들은 그 연기된 리얼 앞에서 웃음을 터뜨린다.

실제로 우리 인생은 대개 희극적이다. 아무리 내가 진지한 척하면서 살아가더라도, 내 일상의 곳곳을 누군가 있는 그대로 재현하면 이상하게 웃길 수밖에 없다. 달리 말해, 우리가 우리 삶을 구경하면 그것은 웃긴 것이 된다. 점잖은 척 회사에 출근해서 사람들과 호탕하게 인사하고, 아무 의미 없는 이야기에 침 튀기며 열변을 토하고, 점심을 먹으러 가며 날씨 이야기나 하고, 지하철에선 거북목으로 스마트폰 웹툰만 들여다보고, 집에 와서 홀딱 벗고 누워 있다가 자는 모습만 그대로 재현해도 일종의 블랙 코미디가 될 것이다. 우리의 일상은 리얼해질수록 웃기다. 일상일 때는 모르지만 그것이 연기가 되면 비로소 웃기다는 걸 깨닫게 된다.

움베르트 에코의 소설 《장미의 이름》은 바로 이런 '웃음'과 필사적으로 싸운 수도사의 이야기를 담고 있다. 아무리 근엄한 종교의식이나 성직자도 재현되면 우습게 보인다. 그렇기에 소설 속 수도사는 아리스토텔레스가 웃음(희극)으로 진실을 드러낼 수 있다고 쓴 기록을 지우려 했다. 실제로 최근 〈피식대학〉에서는 교회의 집사 간증 장면을 있는 그대로 재현했는데, 사람들로부터 '너무 웃기다'라며 대단한 화제가 되었다. 정치인의 연설이든 청년의 발표든 중년 남성의 등산이든 중년 여성의 수다 자리든, 무엇이든 그대로 재현되면 웃기다. 우리가 우리 삶의 '구경꾼'이 되는 순간 우리는 웃음을 알게 된다.

이런 하이퍼 리얼리즘의 유행은 우리 시대 '구경꾼 문화'의 연장선에서도 볼 수 있다. 세상 모든 게 구경거리가 된 시대에서, 우리 일상 또한 더 적극적으로 더 리얼한 구경의 대상이 되고 있는 것이다. 사람들은 구경하면서 품평하고 비웃고 깔깔댄다. 댓글이나 실시간 채팅장은 그야말로 '비웃음'의 어마어마한 범람을 이룬다. 노인이건 아저씨건 아주머니건 청년이건 어린이건 모조리 다 깔깔댐의 대상이다. 당연히 그런 '깔깔댐' 자체를 나쁜 것이라 단정하긴 어렵다. 오히려 그런 웃음은 우리가 삶 자체를 확인하고 추억하는 방식이기도 하다.

그러나 때때로 그 속에는 깔깔댐 이상의 무언가가 있을 때도 있다. 가령 '틀딱충', '맘충', '개독교' 같은 말들이 거론되면서 특정 집단에 프레임을 씌우고 조롱의 대상으로 확정된 집단을 향한 혐오를 확산시키는 순간이다. 그렇게 단순히 현실과 유사한 재현으로 웃음을 주던 것이 어느 순간 혐오로 확대되어 재생산되는 경우는 언제나 주의할 필요가 있다. 아무렇지 않은 웃음들이 어느 순간 사람들 사이에 편견으로 자리 잡고 타인을 프레임화하는 거대한 혐오의 틀이 되기도 하는 것이다.

그것은 사실상 모든 대중문화가 지니는 위험이기도 하지

만 하이퍼 리얼리즘에서 유독 주의해야 할 문제다. 소위 하이퍼 리얼리즘 코미디에서 핵심은 현실과 가상의 경계를 허무는 것이며, 이를 시청하는 이들 또한 어느 순간 무엇이 웃음이고 현실인지, 무엇이 즐거움이고 혐오인지 헷갈리는 순간을 맞이할 수 있기 때문이다.

특히 시청자가 직접 댓글을 달고 영상을 평가하고 퍼 나르며 확산시키는 문화에서는 구경꾼들 사이의 상호작용으로 어떤 프레임들이 매우 손쉽게 만들어질 수 있다. 그렇게 프레임이 극대화되면 그것은 때론 현실이 된다. 이미 우리는 현실이 가상을 만드는 것만이 아니라 가상이 현실을 만드는 세상에 살고 있다. 재현의 웃음은 어느 순간 비웃음이 되고 그것이 현실의 조롱과 혐오로 넘어갈 가능성 또한 언제나 존재한다.

구경하는
유령들

❖

　근래 우리 사회에는 유령화된 개인들이 떠돌고 있다. 많은 지식인들이 우리 사회의 집단 갈등이 날이 갈수록 심각해진다고 진단하지만 실제로 집단 자체는 와해되고 있다. 폭넓게 퍼지는 것은 현실적인 집단 간의 갈등이 아니라, 집단 갈등을 부추기며 타인을 집단으로 규정하는 놀이들이다.

　오히려 극히 개인주의화되고 각자도생이 진리가 된 세상에서 집단은 그 온전한 힘을 갖추지 못한다. 최근 우리 사회 구성원들은 자신이 특정 집단에 속해 있다는 '집단 정체성'을 날이 갈수록 상실하고 있다. 특히, 청년 세대일수록 집단과 거리를 둔 채 개인적인 시간과 정체성을 확보하며 '자기만의 삶'을 살아가는 데 확실히 치중한다.

그럼에도 세대·성별·계층·직업·정치적 세력 간 집단 갈등은 점점 더 노골적이고 예민한 문제가 되며, 그에 더해 특정 집단에 대한 비난과 혐오, 조롱 등도 날이 갈수록 심해지는 것처럼 보인다. 집단은 약해지고 있는데 집단 갈등이 심화하는 게 어떻게 가능한 걸까?

이를 해명하기 위해서는 이 시대가 '구경꾼의 시대'라는 관점이 필요해 보인다. 실제로 집단 갈등을 부추기는 이들은 집단 구성원보다는 집단 바깥의 구경꾼들이다. 실체가 있는 집단과 집단이 싸우고 있다기보다는 구경꾼들이 특정 집단을 규정하는 작업을 통해 집단 갈등을 현실화하는 것이다.

가령 한 아이의 엄마가 지하철에서 문제 되는 행위를 했을 때, 구경꾼들은 그에 대해 '맘충'이라는 집단적 규정을 놀이처럼 확산시킨다. 특정 사건은 한 특정 인물이 만들어낸 일이 아니라 아이 엄마라는 집단 자체의 속성으로 규정된다. 구경꾼에 의해 하나의 집단이 만들어지고 그 집단에 대한 혐오와 공격이 확산되며, 마치 명확한 집단들 간의 갈등 같은 모습을 만들어내는 것이다.

정치·시사 분야의 유튜브들을 보면, 끊임없이 특정 집단을 일반화하여 규정하고 그에 대한 편견을 강화하는 데 열을 올린다는 걸 알 수 있다. 그런 과정에서 구경꾼들이 몰려들고 특정 집단 자체에 대한 편견을 심화한다. 또 다른 이들 역시 그 반대편에 있을 것 같은 집단을 지목하고 일반화한다.

이렇게 생겨난 양 진영은 언뜻 치열하게 대립하는 것처럼 보이지만 실제로 있는 것은 구경꾼들의 '규정화 놀이'에 가깝다. 이 구경꾼들은 여기에서 저기로 얼마든지 옮겨 다닐 수 있고, 흥미가 떨어지면 그런 놀이에서 빠져나오면 그만이다. 그들은 어딘가에 소속된 집단 정체성을 가진 이들이 아니라, 특정 집단을 지목하고 만들어서 놀이를 즐기는 개인화된 유령에 가깝다.

이 구경꾼들은 마치 병 모양에 따라 모습을 바꾸는 액체와 같다. 이들이 담기는 틀 혹은 병이 비대해지고 과격해지는 것은 '집단 갈등'의 실체가 존재한다는 것과 묘하게 다르다. 집단과 집단이 실질적인 이익과 현실에 발 디디고 있는 게 아니라, 서로가 서로에 대한 편견을 만들고 상대를 일반화하는 작업을 통해 존재하는 '상상'의 집합물이 되는 것이다. 그 속에는 진정한 집단도 개개인의 소속감도 없으며, 따라서 집단이 개인을 지켜주고 유지해내는 일도 없다. 있는 것은 오로지 공격과 혐오, 조롱과 멸시, 일반화와 규정화의 폭력뿐이다.

애초에 집단 갈등은 민주주의 사회에서 필수적인 요소다. 여러 집단이 갈등하며 사회를 보다 합리적이고 평등하게 만들어가는 것은 민주주의의 대의에 부합한다. 그러나 우리 사회는 오히려 그런 실질적인 집단은 사라지고 그 자리에 유령들의 유희만 남은 게 아닌가 하는 의심이 든다. 나아가 정말로 현실적인 집단으로서 보호받고 그 권리가 인정되어야 하며 차별로부터 벗어나야 하는 집단들의 목소리조차 그 속에 파묻히고 있는 게 아닐까 우려스럽다. 가장 경계해야 할 것은 구경꾼들의 유희가 더 중요해지고 실재하는 문제들은 은폐되는 일이다.

집단주의라는
압박

❖

인터넷 커뮤니티에서 청년 세대의 많은 공감을 얻은 흥미로운 이야기가 하나 있다. 남자가 혼자 동네 편의점이나 식당 등을 갈 때, 가게 주인이 그를 알아보기 시작하면 더 이상 그곳에 가지 않는다는 것이다. 청년 남성이 원하는 건 그냥 말없이 혼자 스마트폰이나 보면서 후딱 먹고 나오는 것이지, 아무리 자주 가는 단골 식당이라도 가게 주인과 안면을 트고 싶지 않다는 것이다. 가게 주인이 또 왔냐는 등 익명성을 침범해 살갑게 인사하는 순간, 청년들은 도망쳐 더 이상 그 가게에 가지 않는다.

이 이야기에는 나도 꽤나 공감했는데, 거의 10년 정도 혼자 살면서도 동네 카페나 식당 등에 아는 가게 주인 한 명 없었기 때문이다. 물론 내 주변 청년들이 다 그랬던 건 아니고,

단골 카페나 식당의 주인과 나름대로 친하게 지내는 경우도 있었다. 그러나 아마 요즘에는 나 같은 청년이 더 보편적이지 않을까 싶다. 개인주의와 익명성 속에서 편안함을 느끼지만, 정작 혼자 있는 것에 대해 누군가가 잘 알거나 깊이 관여하지 않기를 바라는 묘한 이중성이 청년 세대, 특히 청년 남성의 보편적인 특성이 되어가는 것이다.

그런데 이 이중성의 핵심에는 사실 '홀로 있음'에 대한 묘한 수치심이 있지 않을까 싶다. 우리 사회에 갈수록 개인주의, 각자도생, 파편화가 심화되고 있다고는 하지만, 동시에 '홀로 있음'은 어딘지 잘못된 것이라는 집단주의적 압박이 여전히 존재하는 것이다. 특히 학창 시절 학급 내에서의 집단생활을 거치면서 여전히 '왕따' 같은 문제를 마주하게 되고, 타인과 무리 지어 잘 생활하는 것이 올바른 것이라고 인식하는 것이다.

그래서 한편으로 '홀로 있음'에는 도태되거나 적응에 실패했다는 의미가 숨어 있고, 타인들로부터 배제되었다는 의미의 '아싸'라는 개념이 아직도 존재한다. 그러니 가게 주인들이 알아보기 시작하면 그 자체로 거부감이 들고 '홀로 있는 나'에 대한 묘한 수치심을 느끼면서 더 이상 가게를 찾지 않는 것이다.

다시 말해 이미 청년 세대의 삶에서는 혼밥, 혼술, 혼자 사는 일 등이 보편적이고 당연한 현상이 되었지만, 집단주의적 관념 자체는 개개인들의 마음속에 압박처럼 존재하는 게 아닐까 싶다. 홀로 있음이란 당연한 것이면서도, 동시에 무리에서 도태되거나 짝짓기에 실패했다거나 '인싸 되기' 같은 경쟁에서 밀려난 것처럼 느껴지는 측면이 있는 것이다. '홀로 있는 나를 알아보지 말라', '홀로 있는 나를 익명성 속에 내버려두라', '나는 이 상태가 편안하고 좋으니 이 위에 어떠한 규정도 덧씌우지 말라' 같은 요구의 이면에는 그만큼 그런 규정과 시선에 대한 압박감이 존재하고 있는 것이다.

한국 사람은 화장실 가는 것 빼고는 모든 걸 다 같이 해야 안심한다는 우스갯소리가 있다. 심지어 학창 시절에는 화장실도 같이 가는 친구들이 있다. 그만큼 무리 짓는 것의 당연함, 즉 집단주의가 관습처럼 자리 잡고 있는 것이다. 반면 그런 관념 혹은 관습과 별개로, 이미 사회의 무수한 공동체와 집단 자체는 와해되고 있어서 현실적으로 청년들은 철저한 개인주의와 각자도생을 경험한다. 근래 한국 사회를 해명하기 위해서는 반드시 이 간극과 분열을 다루어야만 한다. 모든 것에 대한 소속이 점점 와해되고 있음에도, 여전히 소속에 대한 압력을 받고 있는 개개인의 내면에 관해서 말이다.

이에 대한 설명과 초점이 중요한 이유는 우리 사회의 가장 심각한 문제들과도 깊이 연관되어 있기 때문이다. 혐오와 차별은 집단주의적 관념에 기반을 두고 있지만 동시에 각자도생하고 경쟁적이고 소외된 현실과도 관련되어 있다. 저출생 문제 또한 가부장주의적 관념의 압박과 여러모로 연관되어 있는데 이 역시 집단주의적 관념의 일종이다. 자살, 우울증, 증오, 그 모든 문제들이 사실상 집단주의적 관념과 전쟁을 치르는 소외된 개인과 관련되어 있다는 것 또한 자명할 것이다. 우리는 집단주의적 관념이 눈처럼 내리는 사회에서, 각자 우산을 움켜쥐고 집 앞의 눈덩이를 치우는 데 골몰하면서 살아가는 개인들인 것이다.

'개인'을 옹호한
대법원 판결

❖

　얼마 전 대법원이 동성 군인 간 성관계가 합의로 이뤄졌고 특별히 군기를 직접 해친 사실이 없다면 처벌할 수 없다는 전향적인 판결을 내놓았다. 이전까지는 군인이기만 하면 동성 간 합의로 사적 공간에서 성관계했더라도 처벌해왔다. 그런데 대법원은 이번 판결에서 군형법 조항과 관련해 '군대라는 집단의 군기'뿐만 아니라 '군인 개인의 성적 자기결정권'을 보호하는 것으로 해석해야 한다고 선언했다.

　그 이유 중 하나로 2013년 이미 관련 법이 개정된 사실을 들었다. 이전까지 남성 간 성행위를 의미하던 '계간'이라는 용어를 법에서 삭제했으므로, 해당 조항은 더는 동성 군인 간 성행위 자체를 금지하는 규정이 아니라는 것이다. 또한 동성 군인 간의 성관계 자체가 사회적으로 혐오감을 일으키는 추행이라 볼 수 없다고 판단하기도 했다.

이번 판결에서는 대법원이 적극적인 헌법 해석을 하고 있다는 점도 흥미롭다. 만약 지금의 군형법 규정이 동성 간 성관계를 했다는 이유만으로 처벌하게 만든 규정이라면 위헌일 소지가 다분하다고 본 것이다. 아무리 군대 내 집단 군기가 중요하다고 하더라도 개인의 성적 자기결정권, 평등권, 행복추구권을 침해해서는 안 된다. 가령 훈련이나 전시, 작전, 근무 중도 아닌 개인적인 시·공간에서의 자유만큼은 헌법이나 전체 법질서 관점에서 반드시 인정되어야 한다고 판단한 것으로 볼 수 있다.

많은 사람이 이번 판결을 두고 동성애를 옹호하는 판결이라고 하지만, 개인적으로는 그런 소수자 보호 못지않게 '집단에 대한 개인의 옹호'를 적극적으로 강조했다는 점에서도 의미가 크다고 생각한다. 기존의 우리 사회는 집단의 우위와 개인의 희생을 당연하게 생각해왔다. 집단적 목표나 규율, 서열을 위해 개인의 인권이나 삶이 심각하게 제한되는 경우가 많았다.

상명하복의 군대 문화, 획일적인 답이 정해진 정답 문화, 엄격한 위계질서에 바탕한 수직적이고 폭력적인 조직 문화, 서열 안에서 인격이 무시되는 갑질 문화 등이 우리 사회가 갖고 있던 그간의 오명들이었다. 이를 한마디로 '왜곡된 집단주의 사회'라고 부를 수 있다. 개인 간 조화보다는 집단 자체의 폭력성이 극대화된 사회인 것이다.

최근 우리 사회를 뒤덮고 있는 각자도생 문화라든지 이웃 공동체의 해체, 외로움과 단절이 심화돼가는 현상은 모두 이와 같은 '집단주의 문화'에 대한 반발에서 나온 것이라 볼 수 있다. 학교, 군대, 회사 등에서 엄격한 서열과 집단중심적인 문화를 경험한 사람들의 '차라리 외로운 게 낫다'는 선택이 오늘날 한국 사회의 그늘을 만들고 있는 셈이다. 우리를 둘러싼 집단들이 개개인을 보호하고 존중하는 사회였다면 이토록 극단적인 반작용이 일어나진 않았을 것이다. 개인을 억압하는 집단주의는 온전한 개인도, 온전한 집단도 불가능하게 만든다.

사람이 서열이나 수직적인 조직의 일부가 아니라, 개개인으로 존중받으며 바로 서는 사회에서는 개인과 집단도 조화를 이루어나간다. 그런 문화 속에서는 집단이 개인을 억압하기보다는 개인의 삶을 든든하게 뒷받침해주는 밑바탕이자 무대가 될 것이다. 개인 또한 집단으로부터의 탈출만 꿈꾸는 게 아니라 집단을 살리고 창조해가는 건강한 구성원이 될 것이다.

그렇기에 우리는 서열과 관계없이 유연하게 소통하고, 다양한 취향과 라이프스타일을 존중하며, 권력관계와 상관없이 서로를 인격체로 대하는 문화를 만들어나가야 한다. 집단이 개인을 완전히 억압할 수 없다는 이번 대법원 판례의 취지 또한 그와 다르지 않을 것이다. 새로운 집단을 만들어가기 위해서도 먼저 개인이 존중받아야 한다.

휴식권,
직업 바깥의 자아

◆

　　노동 문제와 관련된 눈길이 가는 법률 개정과 대법원 판례가 있었다. 법률 개정과 관련해서는 '산업안전보건법'이 개정되어 사업주의 휴게시설 설치가 의무화되었다는 점이다. 대법원 판례와 관련해서는 아파트 경비원들에게 실질적인 휴게 시간이 보장되지 않았다는 이유로 휴게 시간을 근로 시간으로 보아 각종 수당 등의 지급 의무를 인정했다는 점이다. 나아가 매달 2시간에 해당하는 교육 시간에 대해서도, 자유롭게 이동할 수 없었고 사실상 강제로 교육을 받으며 각종 지시사항을 전달받았으므로 근로 시간으로 보았다.

　아파트 경비원의 경우 온전한 자유가 보장되어야 할 점심 시간 등에도 초소에 머무르고 있으면 입주민의 각종 사소한 요구들을 들어주는 경우가 일반적이다. 그런데 사실 그 시간은 경비원들의 휴식이 보장되는 시간이므로 커튼을 내린다든지 잠을 자며 휴식을 취한다든지 카페에 간다든지 해서 입주민들의 요구 같은 것들을 무시할 수 있어야만 한다. 그러나 휴게 시간에도 계속 초소 등에서 대기 상태로 있으면서 각종 요구를 받는 등 '불편한 휴식'을 취하는 것은 실질적인 휴식이 아니므로 근로 시간이라 봐야 한다는 것이다.

이런 대법원 판례와 최근 개정된 산업안전보건법은 상당히 맞물리는 측면이 있는 듯하다. 개정된 법률에 의하면 사업주는 "신체적 피로와 정신적 스트레스를 해소할 수 있도록" 휴식 시간에 이용할 수 있는 휴게시설을 갖추도록 하는 것이 의무화되었다. 물론 일정 기준 이상의 사업주에 대한 규정이기는 하지만 '근로'와 '휴식'의 단절에 대해 꽤나 명확한 선을 긋고 있는 것이다. 근로에서 사실상 '완전히' 단절되지 못한 시간은 근로 시간이다. 지휘나 감독을 받거나 그것을 전제로 대기만 하더라도 근로 시간이다. 인간에게는 보이지 않는 정신적 '끈'이라는 것이 있기 때문이다. 대법원은 이에 대해 적어도 휴게 시간이라면 그러한 끈으로부터 "해방"되어야 한다는 표현을 쓰고 있다.

종합해보면 인간의 휴식이라는 개념에 대해, 단지 육체적 휴식뿐만 아니라 '정신적 단절'이 반드시 있어야 한다는 관점이 점점 더 확고해지고 있다. 그리고 바로 그 단절감 속에 인권 혹은 인간으로서의 존엄, 고유성이 있다. 물리적 폭력으로부터의 단절, 타인이나 권력의 영향과 정신적 지배로부터의 단절 너머에 인간이 쉴 수 있는 시공간이 있다. 그 속에서 인간이 자기를 지켜내며 스스로를 구축해갈 수 있는 어떤 여백이 드러나는 것이다.

이런 논의는 헌법에서 '휴식권'을 명시할 필요성에 대해서도 생각하게 한다. 현재는 헌법에 '휴식에 대한 권리'는 명시적으로 존재하지 않는다. 노동이 중심인 근대 세계에서는 근로와 일이야말로 인간 삶의 핵심이고, 휴식은 노동을 위한 부차적인 충전 시간 정도로 취급되었다. 그러나 인간은 노동 속에서 자기 자신과 인생을 발견해나가기도 하지만, 그에 못지않게 혹은 그 이상으로 노동과 단절된 곳에서 자기 자신을 발견하고 지켜나간다. 휴식은 노동에 부수되는 영역이 아니라 그 자체로 고유한 인간의 본질적 시간이기도 한 것이다.

달리 말하면 '근로 외'의 시간은 그 자체로 인격을 형성한다. 우리는 특정한 직업인으로서 자아실현을 하기도 하지만 그 바깥의 시간에도 그에 못지않게 중요한 자아가 있다. 인격과 인간 정체성의 본질을 구성하는 취향, 취미, 사랑, 우정, 여행의 경험 같은 것들이 인간의 개성과 고유성을 구성하는 것이다. 그러므로 휴식권을 보장한다는 것은 곧 풍부한 인간성을 지켜주겠다는 뜻과도 같다. 사실 '휴식'이라는 말도 다소 제한적인 어감이 있다. '생활'이나 '인격 발현', '삶'의 시간 같은 용어들이 더 적절할지도 모른다.

앞으로 휴식권이 인격과 인권의 한 축이자 본질 중 하나로 점점 더 인정되어야 할 필요가 있다. 노동은 중요한 가치이고 삶의 본질 중 하나지만 결코 인간 삶의 전부는 아니다. 오히려 인간 삶은 노동이 포섭하지 못하는 영역에 더 중요한 가치를 두기도 한다. 휴식권이야말로 새로운 시대정신과도 무관하지 않은 것이다. 저출생과 파편화, 각자도생 등으로 몸살을 앓고 있는 우리 사회에서 그런 가치에 대한 확고한 인정은 사회 전체에도 중요하고 이로울 것이 틀림없다.

경험에서
물질 소비로

◆

코로나로 인해 소비 영역에서 바뀐 가장 큰 경향은 '경험'에서 '물질'로의 이전이 아니었나 싶다. 이를 단적으로 드러내는 게 명품 및 백화점 업계 상황인데, 매출이 연 1조 원 이상이 되는 백화점이 2020년 5개에서 2021년 11개로 2배 이상 증가했다고 한다. 그렇게 기록적인 매출 신화를 올린 데는 단연 '명품 시장'이 결정적인 이유를 차지한다.

그 이전까지 물질보다는 경험을 중시하는 청년 세대의 등장이 널리 이야기되고 있었다면, 이런 경향이 단번에 역전된 셈이기도 하다. 경험이 불가능한 시대, 경험을 박탈당한 시대에 사람들은 물질로 회귀한다. 갇혀 있거나 거리 둔 일상이 길어질수록 내 손에 잡히는 것, 쌓아놓고 기댈 수 있는 것에서 위안을 느낀다. 천문학적으로 성장하던 여행 산업의 몰락은 그만큼 명품 시장을 끌어올렸다.

사실 돈이 없는 사람도 돈이 많은 사람도, 대부분 돈 쓰는 걸 좋아한다. 돈 없는 대학 시절에도 어떻게든 돈 모아서 유럽 여행을 떠나는 게 누구나의 로망이기도 하다. 반대로 돈이 많은 사람 역시 돈을 쓰는 게 즐거움이고 행복이기 때문에 소비를 한다. 그런데 코로나 시대의 묘한 점은 이전까지 '흩어져 있던' 경험주의라는 걸 몇 가지 한정된 소비로 '수렴'시켰다는 점이 아닐까 싶다.

아무리 돈이 많아도 젊음이나 건강, 열정이나 모험심을 무한정 구매할 수는 없다. 그렇기에 저마다의 사람들에게는 꼭 돈이 아니더라도, 각자가 펼칠 수 있는 삶의 공간이라는 게 있기 마련이다. 청춘은 돈이 없더라도 혈혈단신으로 전 세계로 떠날 수 있고, 그래서 부럽다. 역시 누군가는 호텔 라운지에서 위스키를 마시지 못하더라도 강둑에서, 길에서, 사람들이 모인 바닷가에서 로망과 삶을 실현한다. 때로는 배 나오고 골프 치는 부자 할아버지보다, 장비도 없이 바다로 뛰어드는 청년이나 해변에서 모래를 뒤집어쓴 어린아이가 더 부럽기 마련이다. 그러나 코로나는 그런 다채로운 '경험들'을 축소해버렸다. 그리고 돈으로 할 수 있는 소비만 남겨 놓았다.

그렇게 코로나는 전례 없는 소비 사회, 양극화, 명품 중심주의, 자산의 격차에 목숨 거는 시대상을 만들어온 듯하다. 그 시절에는 주변 사람들과 딱히 대단한 경험에 대해 이야기할 거리가 없었다. 기껏해야 넷플릭스나 유튜브 뭐 보는지 정도가 나눌 수 있는 경험의 한계라는 걸 느끼곤 했다. 우리는 삶이 저 드넓은 세계에 펼쳐져 있다는 감각, 사람과 사람이 어우러지며 함께하는 경험에 대한 가능성과 잠재성을 한동안 잃은 채 살았다. 그리고 눌러앉은 부동산과 품 안에 쥔 명품에 고도로 몰입하는 '소비의 인간'으로 진입했다.

개인적으로는 그런 시대와 싸우기 위한 나름대로의 전투에 임했다는 느낌도 든다. 내게 그 싸움은 이를테면 책 읽기이고 글쓰기이며 끊임없이 사람들과 만나는 온라인 공간이나 줌(Zoom) 모임 같은 것이다. 그것들은 경험이 소실된 시대에 간접경험을 하거나 다른 방식으로 경험을 이어가려는 시도 같은 것이기도 하다. 초연결의 시대에 고독이 필요한가? 홀로 명품관에 입장하여 소비할 고독이 필요한가? 배달음식을 고요히 시켜 먹으며 누릴 고독이 필요한가? 나는 아마도 그보다 진짜 경험, 진짜 연결이 필요하리라 믿는다. 타인의 육성과 눈빛은 진짜 경험이며 글쓰기로 이어지는 마음은 진짜 연결이다. 그것이 내가 코로나 시대에 해왔던 일들이다. 그리고 앞으로도 어떤 식으로든 계속 해나갈 일이다.

저물어가는
낭만들

❖

최근 유행하는 책들을 보면 슬슬 위안의 시대도 저물어간다는 느낌이 든다. 한때 폭발적으로 유행했던 '위로에세이'들은 조금씩 사그라드는 반면 성공의 비법이나 투자와 관련된 책들, 최소한 어딘가에 써먹을 수 있을 것 같은 나열식 지식이 담긴 책들이 다시 떠오르고 있다. 어쩌면 슬슬 세상은 위로가 불가능해지는 시대로 다시 접어들고 있는지도 모를 일이다. 살아남는 데 필요한 건 입금이고 현물이고 협상의 기술이고 면접에 써먹을 수 있는 지식들이다.

이렇게 현실적으로 무엇을 얻을 것인가에 관심이 집중되는 이유 중에는 가시적인 격차가 워낙 선명해졌다는 것도 한몫할 것이다. 시뻘겋게 물든 주식 투자 인증 화면, 몇 억씩 올랐다는 부동산 이야기들과 그와 동시에 도산해버린 길거리의 '점포 임대' 가게들, 수백 대 일의 경쟁률을 뚫고 '로또 청약'에 성공했다는 사람들, 거의 쉬지 않고 넘쳐나는 각종 SNS 속 성공의 인증 같은 것들이 너무도 선명하게 빈부 격차라는 걸 우리 눈앞에 보여주고 있다. 책에서 위로를 찾으며 머물러 있기에 세상은 매일 격차의 소용돌이에 빠져 있다.

주변 직장인들의 이야기를 들어봐도 직장 내 분위기가 사뭇 달라졌다고 한다. 모두가 주식이나 부동산 이야기에만 심취해 있고, 근무 시간에도 쉬는 시간에도 휴대폰 속 주식 거래 화면을 들여다보기에 여념이 없다는 것이다. 한 달 동안 야근하고 몸을 축내가면서 200만~300만 원씩 벌어서는 도저히 엄청나게 벌어지기 시작한 저 자산 격차라는 것의 발끝조차 따라갈 수 없다. 그나마 희망이 있다면 희망퇴직이라도 해서 생긴 목돈을 재테크에 투자하거나, 아직 남들이 찾지 못한 '황금의 땅(부동산)'을 발굴하는 것밖에 없다는 것이다. 그래서 부쩍 재테크 관련 스터디 모임에 가입하거나 그 분야의 책, 유튜브 방송 등에 빠져 지내는 걸 쉽게 볼 수 있다.

한때 문화를 휩쓰는 듯했던 '욜로(YOLO, You only live once)' 열풍도 점점 찾아보기 힘들고, 풍성하게 자리 잡았던 저녁의 각종 문화 관련 모임도 부쩍 줄어든 느낌이 든다. 코로나 사태 역시 주요한 이유가 되겠지만, 들썩이는 부동산 시장과 주변에서 대박 쳤다는 사람들의 존재를 심심치 않게 볼 수 있는 것도 적지 않은 영향을 미쳤을 것이다. 이런 현상들은 출판시장에도 고스란히 반영되어서, 감성적인 이야기들이나 인문학보다도 인생 성공과 관련된 자기계발 도서와 투자 관련 책들이 부쩍 자리를 넓혀가고 있다.

재테크에 관심을 가지는 것이 그 자체로 나쁘다고 할 수는 없다. 재테크가 마냥 도박이라고 볼 수도 없고 실제로 인생을 바꾸어버리는 일들이 있는 걸 보면, 그만큼 관심을 기울일 가치도 있을 것이다. 그러나 그로 인해 근로의 가치 자체가 점점 바닥으로 떨어지고 있고 평생 월급 받고 일해서는 희망이 없으며 오로지 어떻게 목돈을 굴리느냐만이 인생의 운명을 결정지어버리는 듯한 풍경은 확실히 아쉬운 데가 있다. 근면성실 같은 가치는 확실히 옛날 가치, 꼰대의 가치가 되어버리고, 모두들 어떻게 한순간의 선택으로 대박을 칠 수 있을까 골몰하는 사회가 마냥 건강한 사회라고 볼 수는 없을 것이다.

여러모로 어려운 시절이 이어지고 있는데, 가끔은 태풍이 휩쓸어가는 듯한 이 사회 분위기와 다른 곳에서 다소 머무르는 듯한 느낌으로 사람과 사람이 만나던 때가 그립곤 하다. 사람들을 만나면 온통 부동산과 주식 이야기뿐이고, 그 모든 흐름을 놓치면 시대에 뒤처진 루저가 될까 봐 불안한 마음도 든다. 누구는 작년에 운 좋게 이사를 해서 1년 만에 몇억을 벌었다고 하고, 누군가는 운 좋게 주식 투자에 성공해 몇 천을 벌었다고 한다. 그런 말들 속에서, 삶을 다른 측면으로 사랑할 수 있는 가능성은 점점 더 줄어드는 것만 같다. 가끔은 누구를 만나서 내가 좋아하는 영화나 문학 이야기, 좋은 풍경이 있던 여행 이야기, 사랑이 있던 옛 추억을 말하기도 어딘지 민망하기만 하다. 혼자 뜬구름 속을 걷고 있는 것 같아서다.

가성비 시대의
몰락

◆
◆

    가성비 중심의 소비가 가장 중요하다 말해졌던 시대는 어느덧 저물고 있다. 휴가를 위해 숙소를 검색하다 보면 가격과 상관없이 전망과 룸 컨디션이 가장 좋아 보이는 숙소들이 먼저 사라진다. 대개는 비싼 숙소부터 예약이 일찍 차고 그다음에 남는 게 가성비 좋은 숙소들이다. 즉, '가성비 시대'가 종말에 이르렀다.

  샤넬 등 명품은 없어서 못 파는 품귀 현상이 벌어지고 있다. 중저가 브랜드들은 점점 시장에서 밀려나고 있다. 대개 핫플레이스라는 곳들의 가격을 들여다보면 한 끼에 1인당 몇 만 원은 족히 내야 하는 곳들이다. 비싼 것은 희귀하고 드문 경험을 준다고 받아들여진다. 비싼 것들 앞에서, 비싼 것들과 함께, 비싼 것에 속하여 찍은 사진은 그래서 SNS에 올리기 좋은 것이 된다. 비싼 것이 남들과 나를 차별시켜준다고 믿는 것이다.

가능하면 근사한 사진으로 남아 남들의 부러움을 살 수 있는 곳, 스스로가 전시품이 되기 좋은 값비싼 공간, 자기를 돋보이게 해줄 비싼 명품 등에 대한 열망이 어느 때보다도 커진 시대라는 게 체감된다. 실제로 '청년 시절은 가난한 시절'이라는 상식이 무색하게도, 청년 세대의 고액 소비에 대한 비중은 부쩍 늘었다고 한다. 다들 값비싼 경험 하나를 갈망하며 그런 경험은 반드시 SNS에의 전시를 동반한다.

그렇다고 해서 모두가 과거보다 더 부자가 된 건 아닐 것이다. 그보다는 돈을 아껴서 모은다는 개념이 사실상 사라지고 있다는 쪽에 가까울 것이다. 평소의 소비랄 것은 과거와 크게 달라지지 않았다. 전시할 일 없고 남들에게 보여줄 일 없는 시간은 적당한 소비로 이루어진다. 그러나 그것은 이 소비 사회의 핵심적인 부분이 아니다. 일상이나 생활은 어느 시대에나 존재하기 때문이다. 문제는 어느덧 삶의 '기분'이나 '기쁨'에서 핵심이 된 '플렉스(flex, 소비를 통해 돈이 많다는 것을 과시하는 의미)' 문화이다. 무언가를 싸게 얻는 것은 어쩔 수 없는 경우는 있어도 더 이상 기쁨을 주지 않는다. 가성비를 따져 싸게 얻는 것은 자랑거리가 되지 못한다.

'돈을 아껴서 모은다', '가성비 좋은 소비를 하여 저축을 한다', '적게 쓴 것이 자랑이고 부러움이다' 이런 관념들이 몰락해가는 것은 우리 시대의 '도박 정신'과도 무관하지 않아 보인다. 청년 세대는 더 이상 코인이나 주식이 아니면 자신에게 희망이 없다고 믿는다. 부동산 폭등으로 근로 소득의 가치는 바닥을 기게 되었고 아무리 열심히 일해도 쫓아갈 수 없는 벽이 삶에 들어섰다는 걸 안다. 연봉 1억씩 받아서 매년 5천만 원씩 저축해도 서울의 저가 아파트 하나를 사려면 20년이 걸린다. 아껴서 무언가를 할 수 있다는 건 환상에 가깝다고 믿게 된 것이다.

　차라리 그보다는 당장에라도 얻을 수 있는 최대치의 전시 경험을 바라는 게 이 시대의 정신이 되었다. 그러면 적어도 남들로부터 부러움을 얻고, 잠시나마 자신감을 회복하며, 자기 삶도 남들의 삶 못지않은 화려함에 속한다고 믿을 수 있다. 그런데 그것은 한편으로는 그저 '환상'이고 '이미지'일 뿐이기도 하다. 그렇게 보면 이 '가성비 시대'의 몰락이라는 것은 점점 환상밖에 남지 않아가는 시대의 한 단면이기도 한 셈이다. 가성비가 현실이라면, 화려한 소비는 그것을 덮는 환상이다. 나는 《인스타그램에는 절망이 없다》라는 책에서 우리 시대를 '환각의 시대'라 칭하기도 했다. 이 또한 그러한 시대의 단면일 것이다.

돈이 주는 행복을
의심하는 일

◆

　우리 사회의 분위기가 점점 더 기승전'돈'으로 흐른
다는 느낌을 받는다. 광고들은 이례적일 정도로 '돈벌이' 혹
은 '돈 번' 경험을 강조한다. 전통적인 재테크 광고들은 말할
것도 없고, 책 쓰기나 글쓰기 광고를 하는 작가들도 어떻게
자신이 몇억을 벌었는지, 매달 'N잡러'로서 어떻게 수천만
원의 수익을 올렸는지를 먼저 내세운다. SNS를 통한 마케팅
비법 등에 대한 광고도 주로 돈에 초점을 맞춘다. 출판 시장
이나 강연 시장도 돈이나 재테크 관련 종류들이 크게 성행하
고 있다.

　어디에서나 돈이 최고의 가치이자 가장 중요한 가치로 취
급되는 데는 의심의 여지가 없어 보인다. 무수한 유튜버와
인플루언서들은 독설을 쏟아내면서 타인의 불행을 강조한

다. 결혼한 사람이 겪는 불행, 비혼 싱글이 겪는 불행, 전문직의 불행, 프리랜서의 불행, 월급쟁이의 불행, 헬스하지 않는 사람의 불행 등 가히 세상의 콘텐츠들이 '불행'을 먹고 산다고 해도 과언이 아니다. 그러나 그 어떤 콘텐츠도 '돈 많은 사람'의 불행은 좀처럼 다루지 않는다.

한때 온라인에서 유행하던 어록이 하나 있다. "돈이 중요하지 않다고 말하는 사람은 사실 돈에 미친 사람이다"라는 어느 강사의 말이다. 돈은 너무 중요하고, 돈의 가치에 의문을 제기하는 사람은 미친 사람이다. 돈보다 중요한 것은 없어서 돈이 주는 행복을 의심하는 것은 오로지 위선자밖에 없다. 돈은 많을수록 좋고 많은 돈은 온갖 SNS를 통해 당당히 자랑해야 마땅한 것이며, 행복의 가장 정확한 징표이다.

개인적으로도 돈의 중요성을 과소평가하고 싶지는 않다. 인생에서 어느 정도 이상의 돈은 행복에 분명한 영향을 미치고, 어느 정도 이하의 돈은 불행에 결정적인 영향을 미친다고 생각한다. 하지만 인생에서 가장 중요한 것이 돈이라고 믿지는 않는다. 인생에는 돈보다 중요한, 혹은 돈만큼 중요한 가치들도 많다고 믿는다. 가령 일상에 스민 사랑, 좋아하고 몰입할 수 있는 일, 호기심과 열정의 적절한 조화, 자기 자신에게 솔직해지는 방법, 진심으로 타인과 대화를 나누는 일 등이 돈보다 덜 중요한 일이라 생각하지 않는다. 하지만 우리 사회는 돈이 모든 것을 압도하며, 그 밖의 모든 문제를 해결할 수 있는 것처럼 점점 더 깊이 속삭이고 있다.

돈에 대한 이런 시대적인 광신이 퍼지는 결정적인 이유는 그만큼 '적절한 돈'을 얻는 게 어려워졌기 때문일 것이다. 무엇이든 적당히 애쓰면 얻을 수 있는 것은 굳이 강조되지 않는다. 굳이 전 사회가 광적으로 몰입하는 게 있다면, 그만큼 그것을 얻기 어려워졌기 때문이다. 다시 말해, 인생에 필요한 '적절한 돈'이라는 것에 더 이상 손쉽게 접근하기 어려워졌다는 것이 핵심이다. 그동안 누적되어온 계층 간 격차에 더해, 지난 몇 년간 폭등한 부동산은 사실상 한 개인의 소득으로는 '적절한 돈'을 평생 버는 일이 거의 불가능하게 만들었다. 그리고 그런 불가능성이 한 시대의 선망, 동경, 갈망을 빨아들이는 블랙홀이 되고 있는 것이다.

돈을 중심에 둔 문화에 동참한 누군가를 마냥 비난하거나, 이런 문화에 동참하는 게 무조건 나쁜 것이라고 단정 지을 수는 없다. 돈은 실제로 중요해졌다. 절망적일 정도로 중요한 문제가 되고 있다. 하지만 그와 별개로 돈에 못지않은 가치들이 있다는 점 또한 잊지 않고 싶다. 한 시대를 살아가고 통과하는 방법은 꼭 하나로 귀결되지 않는다. 같은 절망을 공유하는 사회일지라도 누군가는 다른 더 중요한 가치에 기대어 삶을 이겨내기도 하는 것이다. 내가 더 믿고 싶은 건 그런 방향이다. 절망의 바다를 건너기 위한 배에는 적어도 여러 종류의 돛이나 노가 있다는 것, 그중 가장 근사해 보이는 돛을 펼치는 데만 온 힘을 쓰지 않더라도 때로는 그 바다를 건널 수 있다는 것 말이다.

평가와 시선의
과잉

◆
◆

상류층에 대한 선망이 무척 널리 퍼지면서 동시에 가난에 대한 혐오도 함께 확대 재생산되고 있다. 특히 최근 세대가 주로 이용하는 커뮤니티나 SNS에서 이런 현상이 두드러지는 것 같은데, 가난한 동네 사람들은 인성이 나쁘고 모두 알코올 중독자에 폭력적이라는 식의 말들이 아무렇지 않게 당연한 진실처럼 받아들여진다. 나아가 가난한 사람은 결혼할 수 없다거나 아이를 가질 수 없다는 자조적인 태도를 넘어서, 가난하면 결혼해서도 안 되고 아이를 가져서도 안 된다는 일종의 '명령' 혹은 '금지'가 통념처럼 확산된다. 가난한 것은 그 자체가 죄이므로 아이를 낳는 것은 아동학대이며 더 큰 죄인이 되는 길이라는 것이다.

심지어 그렇게 '가난한 자'가 된 이유에도 그 사람 개인의 책임이 절대적이라는 인식도 확산되는 것 같다. 보통 그런 사람들은 게으르고 열정이 없어서 그렇게 되었고, 그러니 애초부터 인성이 나빴고, 그래서 인성 나쁜 자들만 가난한 동네에 모여 살게 되었고, 그들은 죄인이니 아이도 낳아서는 안 된다는 식의, 거의 파시즘적인 언어가 출현하고 있는 것이다. 그런데 이런 언어는 거기에서 그치지 않고 실제 현실과도 상호작용을 해서, 경제적으로 풍족하지 않은 사람들은 더 이상 결혼하지 않고 아이도 낳지 않고 있다.

선후 관계를 명확히 따지긴 어렵겠지만 적어도 이런 현실과 언어가 상호작용한다는 것은 명백해 보인다. 결혼하고 아이를 낳아봐야 불행만 예상되는 무한 경쟁 시대와 양극화 시대의 현실은 동시에 가난 혐오와 상류층에 대한 선망의 언어를 더 폭발시킨다. SNS를 보면 상당수가 고급화된 소비 상품들이나 소비 문화로 치장되어 있는데, 실제로 그런 상품이나 문화를 무리 없이 향유할 수 있는 사람에 비해 터무니없이 많은 숫자가 전시되고 있다는 생각이 든다. '카푸어(자동차의 구매 및 유지 비용 부담으로 나머지 생활이 어려운 사람들)'가 될지라도 외제 차를 타고, 일주일 동안 편의점 도시락을 먹더라도 하루쯤 호텔 뷔페에 가고, 원룸에 살더라도 호캉스를 가야 하는 데는 상류층 사람들의 모든 것, 그들이 이상화하는 상류층 사람의 인성까지도 그들 자신과 동일시하는 현상이 깔려 있을 것이다. 가난을 드러내는 일은 스스로 열등하고 인성이 나쁘다는 것을, 패배한 인생이자 실패한 삶이라는 것을, 배척되고 혐오받아 마땅한 인간이라는 것을 자백하는 것과 같기 때문에 당연히 전시되지 않는다.

그런데 한편으로 유튜브 등을 보면 스스로 패배와 가난을 보여주는 이들도 점점 늘어나고 있다. 가난 전시가 한편에서는 조회 수가 되고 돈이 되는 것이다. 어떤 유튜버들은 엄청나게 성공했음에도 불구하고 일부러 계속 곰팡이가 있는 벽지를 배경으로 촬영한다. 스스로는 이제 상류층이 되었지만 사람들 앞에서는 불쌍하고 가난한 사람의 탈을 쓰고 계속 굴욕적인 방송을 일부러 이어가는 것이다. 고시에 실패했고 사업에 실패했고 연애와 결혼에 실패했다는 사람들의 영상도 수백만 조회 수를 기록한다. 사람들은 그들을 보면서 위안을 얻고 힘을 내고 동시에 그들을 조롱하면서도, 부를 과시하는 영상들을 찾아보며 선망하고, 마찬가지로 화려한 부를 얻은 자들의 몰락에 벌떼처럼 달려들어 열광하며 불을 지르는 걸 즐긴다. 가끔은 여기 이 땅에 이상한 지옥이 펼쳐지고 있다는 생각이 든다.

결국 이런 현상의 전반에 깔려 있는 것은 평가와 시선의

과잉이다. 나를 바라보는 시선과 평가들이 너무 과잉되어 있고 인생 내내 이어져왔으며 갈수록 더 세밀해지고 있다. 그에 비례해서 내가 타인들을 바라보며 하는 평가와 시선도 더 복잡다단해지고 있다. 나는 세상 모두로부터, 머리털 끝에서부터 내면 가장 깊은 곳까지 철저히 평가되고 서열 지어지고, 어떤 부분은 혐오되는데 또 어떤 부분은 괜찮게 여겨지고, 어떤 부분은 나쁘게, 어떤 부분은 나쁘지 않게 점수 매겨져 있다. 동시에 나는 타인 가운데 어떤 이들은 당연히 배척하고 혐오하며 평가절하하고 쓰레기로 취급하며, 반대로 어느 누군가는 범접할 수 없는 존재로 선망하며 '리스펙'한다.

그 기준은 주로 돈과 능력, 사회에서의 인정을 위주로 하되 인성과 같은 요소도 추가해서, 누구든지 몰락시키고 사냥할 준비도 갖춘다. '누구든 저 빛나는 땅에 올라설 수 있지만 누구든 나와 같은 반쯤 지옥인 곳에 살 수도 있고, 기꺼이 저 하늘섬에 오른 자들은 존경하겠으나 당신들도 언제든 내가 발목 잡고 여기로 끌어내릴 수 있다. 나보다 더 아래 있는 저 게토 같은 곳으로 던져 넣을 수도 있다. 우리는 모두 철저히 계급화된 사회에 살면서 그에 따라 층층이 모든 것이 결정되므로 어느 층에서는 선망받을 권리나 혐오할 권리가 주어진다'는 식의 기제가 작동한다. 이런 사회가 실제로, 아주 다이

나밉하게, 현실과 온라인의 언어 따위가 상호작용하면서 실시간으로 만들어지고 있다.

모욕과 폄하, 타인에 대한 질시와 평가절하가 너무 일상화되었다. 이런 세상의 온갖 시끄러움 속에서도 묵묵히 자기 삶을 책임지고자 하며 삶에 주어진 작은 사랑을 지키고자 애쓰는 사람들이 상처받지 않길 바랄 뿐이다. 어떤 괴물 같음이 펼쳐지고 있는 세상 가운데에도 서로에게 기대어 온전히 살아갈 수 있는 삶의 굳건함이 아직 어딘가에는 남아있기를 바랄 뿐이다.

누구도 왕이 아닌
사회를 위하여

❖

우리 사회 전반에 '고객이 왕이다'라는 관념이 조금씩 사라지고 있다. 돈 몇 푼 쥐여줬다고 마음대로 해도 된다는 생각이 점점 사라지는 것이다. 아무리 돈을 내는 입장이라 하더라도 지켜야 할 건 지켜야 하며 돈 받는 사람은 노예나 하인이 아니라 오히려 일종의 마스터, 장인, 생산자다. 돈을 냈다는 이유로 행패를 부리거나 주인에게 함부로 대하며 타인의 인격을 짓밟아도 좋은 시대는 많은 부분에서 저물어가고 있다.

내가 돈을 낸다는 이유만으로 왕이 되는 문화란 그저 저급한 문화일 뿐이다. 돈을 내는 모든 순간에 그에 대한 노동력과 창의성을 제공하는 사람들에 대한 존중이 필요할 것이다. '내가 고작 돈 몇 푼 드렸을 뿐인데 이렇게 정성을 다한 음식을 내줘서 고맙다', '이런 특별한 경험을 하게 해줘서 고맙다', '이런 고유한 행복을 느끼게 해줘서 고맙다'라는 마음, 그것이 인간들이 사는 인간다운 세상에 더 가까울 것이다.

그런데 근래에는 오히려 '사장님이 왕'이라는 볼멘소리도 나온다. 인스타그램 등에서 핫한 카페나 식당 등에는 예약 없이는 갈 수도 없고, 가서 고유의 문화와 규칙을 지키지 않으면 문전박대당하기 일쑤다. 소비자는 돈을 쥐고 있다는 입장에서는 갑일지 몰라도 아주 특별하고 고유한 서비스를 갈망할 때는 을이 된다. 그럴 때는 오히려 그런 서비스를 생산할 수 있는 능력을 가진 사람이 갑이 된다. 특별한 공간이나 서비스의 공급은 한정돼 있는데 수요가 넘쳐나는 순간, 관계는 역전된다.

갈수록 이런 역전 관계가 늘어나는 것은 많은 사람이 특별한 소비적 경험을 갈망하고 있기 때문이다. 명품이나 외제차 등은 돈이 있어도 살 수 없을 정도로 재화가 한정돼 있다. 아름다운 사진을 건질 수 있는 카페에는 자리가 없어서 들어갈 수가 없다. 그러나 사람들은 그런 특별한 것들을 원한다. 특별한 것을 소비할 때 자기 자신이 특별한 존재가 된다고 믿기 때문이다. 바야흐로 무엇을 소비하느냐가 자아 정체성의 핵심을 차지하는 소비사회가 도래한 것이다.

물론 한편으로는 노키즈존처럼 업주의 소비자에 대한 차별이라는 차원 또한 존재할 것이다. 가령 수요 폭발로 갑이 되는 업주의 입장이라도 장애인, 노인, 어린아이, 다른 인종을 마음대로 배제하는 건 또 다른 차원에서 비인간적 권력 행위이다. 돈을 가졌다는 이유만으로 소비자가 왕이 아니듯이 업주도 왕이 아니다. 좋은 사회를 만들어간다는 건 서로가 돈의 권력이나 수요공급의 법칙 아래 발생한 권력 앞에서 '인간적인 지점'을 남겨 놓는 것이다. 모든 거래 또한 인간과 인간의 일이라는 것을 기억하는 것이다.

그렇게 보면 세상에 너무 왕처럼 보이는 위치가 있다면, 그 위치에 대한 비판적 관점은 늘 필요할 것이다. 어쨌든 우리는 왕을 제도적으로 폐기하기로 합의한 민주주의 사회에서 살고 있다. 현실적으로 부자나 권력자 등 왕에 가까운 사람들이 있다 할지라도 우리는 그런 존재를 대놓고 왕이라 인정해서는 안 되는 것이다. 마찬가지로 나 자신을 어떠한 상황에서도 왕으로 착각해서는 안 된다.

법적으로 보면 기존 우리 사회가 어디까지나 '재산권' 중심의 사회였다면, 앞으로는 점점 더 '인격권'이 중시되는 사회로 나아가야 한다고 말할 수 있다. 흔히 천민자본주의란 돈이나 재화가 인격을 압도하는 사회를 의미한다고 볼 수 있다. 반대로 우리는 아무리 큰돈 앞에서도 지켜져야만 하는 인격이 있다고 믿는 사회로 나아가야 할 것이다. 타인은 모두 나와 마찬가지로 언제나 조심스럽게 대해야 할 하나의 온전한 인격이다.

민법의
세계

❖

    로스쿨 시절, 민법을 공부하면서 가장 흥미로웠던 개념은 '채권자대위권'이었다. 처음 이 개념을 알았을 때는 약간 충격을 받아서 뇌가 거부하는 것 같기도 했다. 공부하던 당시, 이 개념은 민법이 '돈'을 최고신으로 모시고 있다는 느낌을 주었다. 이를 비롯해 민법 공부를 하면서 가장 어색했던 건, 기본적으로 인간의 양보나 선의, 호의 같은 걸 거의 상정해서는 안 된다는 점이었다. 민법을 둘러싼 사람 간의 관계라는 건 대개 냉혈한들이 상대방의 영혼까지 털어서 돈만 받아내면 그만인 것이었다.

    채권자대위권이란 내가 누군가에게 받을 돈이 있으면 그것을 명목으로 그 사람의 권리 대부분을 내 마음대로 행사할 수 있다는 개념이다. 물론 몇 가지 요건이나 한계가 따라붙긴

하지만, 내가 처음 느꼈을 때는 누군가에게 받아낼 돈이 있으면 그것을 받기 위해 그 사람을 아바타처럼 이용해도 좋다는 것 같았다. 그 사람이 다른 사람에게 받아낼 돈이 있으면 내가 받아낼 수도 있고, 그 사람이 다른 사람과 한 계약을 해제해버린다든지 토지거래허가 같은 것도 받게 만들 수 있다.

이런 개념에 적응하기까지는 시간이 꽤나 걸렸는데, 민법이란 내가 받아낼 돈이 있으면 모든 무기를 가져다 써도 좋은 무기창고 같은 느낌이었다. 채권자대위권은 심지어 나에게 빚진 사람의 각종 권리까지 내 뜻대로 행사해도 좋다는 규정인 점에서 최종병기 같은 느낌이었다. 물론 실제 재판에서는 여러 원칙들(신의칙, 공평의 원칙 등)이나 상황들을 고려하기도 하고 화해나 조정 등이 많이 이루어진다. 그러나 민법의 규정들 자체는 여러모로 살벌한 느낌을 주는 것이었다. 원칙적으로는 내 돈 내가 받는데 뭐가 문제겠으며 그것이 곧 정의라고 할 수 있지만, 반대로 보면 돈 받아내는 것 외에 다른 가치들은 거의 끼어들 여지가 없어 보인다는 점에서 참으로 냉혹해 보였다.

살면서 법정에는 가능한 한 가지 않으면 좋다고 한다. 그도 그럴 것이, 이 영역에 들어서면 이제는 피도 눈물도 없이, 선의나 호의도 없이, 양보나 배려도 없이, 그야말로 법정이

자니 지연이자니 하는 뜯어낼 수 있는 모든 것을, 상대방을 아바타로 이용하든 허수아비로 만들든 해서 다 뜯어내는 일들이 가능하기 때문인 것 같다. 민법을 공부하면서 가장 먼저 잊어야 했던 개념이 '양보'였다. 결국 재판에서는 전략적인 양보 등이 필요할 때도 있겠으나, 적어도 수험 공부를 할 때는 양보라는 건 상정해서는 안 되었다. 상대방의 인생이 어떻게 파탄 나든 받을 수 있는 건 지구 끝까지 쫓아가서 탈탈 털어내야 하는 것이었다.

심지어 재판에서는 기본적으로 '변론주의'라는 게 적용된다. 상대방의 그런 공격에 대한 방어도 어디까지나 본인 몫이라는 것이다. 내가 법을 몰라서 제대로 방어하지 못하면, 결국 상대방이 원하는 대로 다 뜯어가게 된다. 법정은 억울한 사람의 방패라기보다는 두 파이터의 싸움에 대한 심판에 가깝다. 심판이 그만 때리라고 하는 건 상대방이 반칙했을 때나 한 사람이 죽기 직전일 때 정도이다. 스스로 자신의 권리는 알아서 지켜야 한다.

타자의 고통이니 인간의 이타성이니 관계 맺고 살아가는 공동체의 중요성이니 하는 인문학 공부를 하며 살던 내가 맞이한 민법의 세계는 그래서 충격적이었다. 특히 채권자대위권을 공부하면서는 계속 아바타를 떠올렸다. 내가 받을 돈의 신이 상대방 몸속에 들어가서 상대방을 조종한다. 그런데 이 돈의 신은 그 상대방의 또 다른 상대방에게도 들어가서 그 권리를 행사하기도 한다. 그렇게 계속 인간의 몸을 타고 들어가 돈이 있는 최종 장소를 찾아내어 내 몫을 들고 돌아오는 것이다. 돈 앞에서 인간은 껍데기에 불과한 것이다. 그렇게 얻어 내는 것이 내가 느낀 민사소송에서의 승소라는 것이었다.

우연의 비용
앞에서

◆
◆

우연에 드는 비용이 너무 많다. 얼마 전 휴대폰 액정을 깨뜨렸는데, 물어보니 수리비가 30만 원이라고 했다. 혼자 살던 시절에야 그 정도 비용은 그래도 감수할 만한 것이라 느꼈을 것이다. 그런데 얼마 전에 아이 장난감을 사주려다가 3만5000원이 너무 비싸게 느껴져서 관두었던 기억이 났다. 그러니 참으로 서글퍼졌다. 아이 장난감 3만 원을 아끼고, 중고 책을 팔아 3만 원을 벌고, 그렇게 아끼면서 일구어 가는 일상에 어떤 우연은 너무 뼈아프게 느껴진다.

우연들이 겹치면서 비용은 갑자기 터무니없이 늘어나곤 한다. 아이가 독감에 걸리고 가족 셋 다 차례로 병원 신세를 지면, 갑자기 몇 십만 원의 지출이 생긴다. 자동차를 긁거나 집에 싱크대가 고장나거나 하면 갑자기 예정에 없던 비용이 빠져나간다. 사실 아끼면서 살아가는 일 자체는 그리 어렵지 않다. 이렇게 아끼고 저렇게 아낀 대신, 때론 근사한 레스토랑에서 밥도 먹고 좋은 코트도 사 입고 아이 전집도 사준다. 그런데 갑작스러운 '우연의 비용' 앞에서는 그렇게 일궈온 일상이 서글픈 무엇이 되곤 한다.

자본주의 사회에서 소득이 많은 것은 나쁘지 않은 일일 텐데, 그 소득이 보장해주는 화려한 소비들은 그리 대단한 것은 아니리라는 생각이 든다. 나는 명품에 대한 욕망이 예나 지금이나 거의 없다시피 하고, 해외여행을 매일같이 떠날 것도 아니며 별장이나 외제 차가 딱히 필요한 것도 아니다. 안정적이고 충분한 소득이 필요한 가장 큰 이유는 아마도 각종 우연 때문일 것이다. 가족 중 누군가가 아프고 집 안의 무언가가 고장 나고 예측하지 못한 사고가 일어났을 때, 충분한 물질적인 대비가 되어 있다면 의외로 외부적인 충격은 견뎌낼 만한 것이 된다.

삶이 팍팍해지는 이유 중 하나는 삶에서 일어나는 각종 실수와 사고들에 유연하고도 관대한 마음을 갖기 어렵기 때문이기도 하다. 평소에는 마음을 다잡고 아낄 건 아끼고 쓸 건 쓰면서 생활을 잘 챙겨나가다가도, 어떤 실수로 생긴 문제들이 일상을 무너뜨리고 삶을 훼손하기도 한다. 자동차를 긁어버린 자신을 심하게 자책하거나 휴대폰을 떨어뜨린 아이를 미워하고 테이크아웃 커피를 쏟아버린 반려자를 탓하는 일이 생긴다. 돈이 무서운 것은 그래서가 아닐까 싶다. 안정적인 수입은 마음의 바탕, 일상의 대지가 되어준다.

한때 아내도 긴 시간 동안 휴직하고 나도 당장의 수입보다는 미래를 준비하는 일상을 보내면서 여러모로 그런 팍팍함을 마주하는 순간들이 많았다. 마음 같아서는 그런 순간들에 치사해지거나 초라해지고 싶지 않다고 생각하면서도, 때로 살갗을 파고드는 쓸쓸함 같은 게 느껴질 때가 있었다. 내가 겪은 나날들이 대단히 연민 어린 시간이었다고 할 수는 없고 또 그렇게 내세우기에는 오히려 부끄러운 마음이 들지만, 그래도 그렇게 마주하는 순간들이 내게 말해주는 것이 있다고 느끼곤 했다. 단순히 '돈을 많이 벌어야지', '성공하고 출세해야지' 하는 것보다도, 내가 누려왔던 것들이 일종의 특권에 가까웠다는 걸 이해하게 되는 것 같았다.

아직 삶을 더 잘 이해하려면 멀었다는 생각이 든다. 어떻게 보다 더 괜찮은 인간으로 살아갈 것인가에 대해서도 더 깊이 알아야겠다는 생각을 한다. 나를 이루어왔던 것들에 대해 모르는 것이 많다는 걸 매번 느끼게 된다. 내가 이해해야만 하는 삶의 면모들이 참으로 많이 남아 있고 항상 스스로가 어느 정도 오만하다는 걸 인정해야만 한다고 생각한다. 한때 나는 우연을 참으로 무서워했고 여전히 두려운 면이 있다. 그런데 적어도 청춘을 보내는 동안에 우연은 내게 항상 멋진 것에 가까웠다. 어쩌면 가정, 아이 등 지킬 것이 생겨 우연이 무서워졌는지 모른다. 무서운 것들과 싸우거나 화해하는 방법을 잘 알아가야 할 것이다.

3부

돌파와 회복: 저질러놓은 세상을 건너며

배반당한 시절을
통과할 때

◆
◆

    코로나바이러스가 창궐한 이후, 한때 우리 삶의 여러 믿음이 무너졌다. 그 누구도 쉽게 상상해본 적 없는 일들이 이어졌다. 커피나 맥주를 마시면서 자연스럽게 서로 면전에서 침을 튀기며 이야기를 나누고, 학교에서 친구들과 모여 수업을 듣고, 떠나고 싶을 때면 저가 항공 티켓을 끊어 동남아로 여행 가는 일이 하루아침에 불가능해질 거라고는 아무도 예상하지 못했을 것이다. 나아가 매일 일정한 손님들이 드나들며 생계를 이어가게 해주었던 가게 영업이라든지, 사람들 앞에서 강의하며 생활을 이어나가는 일도 어느 날 불가능에 가까워질 거라고는 믿기 힘들었을 것이다.

    그렇게 보면 그 이후, 우리 삶에서 가장 중요해진 화두는 '믿음'이었다 해도 과언이 아닐 것이다. 이전까지 지녀왔던 삶에 대한 믿음이 사라진 후 과연 어떤 믿음, 어떤 희망을 새로 가지고 살아낼 것인가가 가장 중요한 문제가 되었다. 나아가 그렇게 세상이 멈추어버리자, 유동하는 자금들은 온통 재테크 시장으로 빠져들어갔다. 누군가는 부동산이나 주식, 코인으로 벼락부자가 되기도 했고 누군가는 '벼락거지'가 되기도 했다. 그렇게 엄청난 희비가 교차하는 사회 속에서 어떤 방식으로 살아야 할지, 무엇을 믿고 살아가야 할지가 너무도 중요한 문제로 자리 잡았던 셈이다.

한편으로 우리의 삶이라는 것이 얼마나 사회 전체의 흐름과 밀접한 관련을 지니고 있는지를 절실히 알게 된 시절이기도 했다. 사회가 닫히면 내 삶도 닫히고, 사회가 폭주하면 내 삶도 폭주한다. 아무리 자기만의 삶을 일구어나가기로 마음을 단단히 먹고 있어도 세상이 따라주지 않으면 쉽지 않다. 자기만의 소소한 행복을 꿈꾸며 살아가더라도 사회가 그 '소확행'조차 틀어막아버릴 수도 있다. 결국 이런 삶의 문제 혹은 믿음의 문제라는 건 삶을 어떻게 버텨낼 것인가의 문제로 이어진다.

삶이 세상과 일치하지 않게 된다면 우리는 그 시간을 어떻게 버텨낼 것인가? 달리 말해 나의 믿음과 현실이 어긋날 때 그 시간을 어떻게 견뎌낼 것인가? 살아가면서 그런 일은 항상 일어난다. 코로나 시대를 지나며 보다 전 사회적으로 많은 사람들의 삶이 휩쓸려갔을 뿐, 보통의 인생에서 나의 믿음과 현실이 불일치하는 일은 수시로 일어난다. 원하는 사랑이 이루어지지 않는 일, 간절히 붙잡고 싶은 연인이 떠나가는 일, 사업이 잘되지 않거나 시험에서 떨어지는 일들이 인생에 상존하고 있다.

그러므로 우리는 '믿음이 배반당하는 시간'을 어떻게 살아낼지에 대한 기술을 익혀야만 한다. 세상 모든 삶에는 그런 시간이 있기 때문이다. 누군가는 그 시간을 종교의 힘으로 이겨낸다. 누군가는 십년지기 친구에게 마음을 터놓으며 버텨낸다. 누군가는 자기만의 골방에서 글을 쓰기도 하고, 누군가는 매일 산책을 나서며, 누군가는 자신이 할 수 있는 노동에 더욱 집중하기도 한다. 삶이 잘 흘러가기만 한다면 인생에는 사실상 그리 대단한 기술이 필요하지 않겠지만, 마치 폭풍우나 가뭄이 자연스레 찾아오는 것처럼 우리 삶에는 '배반당한 믿음'의 시절이 찾아온다.

전 세계를 휩쓸었던 팬데믹도 조금씩은 걷혀 나갔다. 차례로 백신이 공급되었고 먹는 치료제가 등장하기도 했다. 우리가 뜻하지 않게 잃었던 일상은 그렇게 또 어느 날 갑작스레 다시 찾아왔다. 다시 저녁마다 모여 서로의 면전에서 술 마시며 떠들고, 줌(Zoom) 화상 회의가 추억 속 일이 되어가고, 공원과 시내도 금방 다시 사람들로 북적이기 시작했다.

우리 삶을 한마디로 정의하자면 믿음이 배반당하는 과정이 아닐까 싶다. 끝나지 않을 줄 알았던 청춘 시절도 끝나고, 영원히 곁에 있을 줄 알았던 부모님도 언젠가 세상을 떠나고, 영원할 것 같은 호시절과 영광의 기억도 결국엔 사라지곤 한다. 어느 날은 이유 없이 우울하기도 하고 세상이 온통 적대적으로 느껴지기도 하며 벗어날 수 없는 짜증이 오랜 시간 이어지기도 한다. 그럴 때면 구명조끼처럼 꺼내 입을 내 삶에 대한 또 다른 믿음이 필요할 것이다. 어떤 시절은 그런 믿음을 쌓아나가기에 참으로 좋은 때일지도 모른다. 하나의 믿음이 무너진 시절은 또 다른 믿음이 피어오를 토양이 되어줄 것이다.

장막을 걷어내면
폐허가 드러난다

❖

    코로나로 인해 해외여행이 어려워지자 한때 제주도의 성수기 숙박비가 폭등했다. 상당수 호텔들이 1박에 40만 원대부터 시작하고 최대 1박에 600만 원 하는 곳까지 있었다. 물론 찾아보면 저렴한 펜션이나 게스트하우스도 없진 않았겠으나, 전체적으로 그 이전에 비해 엄청나게 높게 책정된 건 사실이었다. 덩달아 부산과 강릉 등의 숙소도 과거 대비 훨씬 높은 수준에서 예약을 받았다.

    평소 같았으면 해외로 크루즈 여행을 떠나고 외국의 풀빌라나 특급 호텔에서 며칠씩 묵었을 상류층들이 국내로 눈길을 돌렸다고 보면, 사실 숙박비가 얼마로 책정되든 크게 이상할 건 없기도 했다. 다만 놀라운 것은 정말이지 코로나 시대라는 것도 힘든 사람들에게만 힘든 시기일 뿐, 그렇지 않은 사람들에게는 거의 아무런 타격도 주지 않는다는 걸 확인하는 느낌이 들었다는 점이다.

'제주 숙박비 600만 원' 기사와 나란히 놓여 있는 기사는 공연 예술가들이 너무나 힘들다는 기사였다. 코로나 사태가 조금 진정되면서 세상이 반쯤은 원래대로 돌아온 게 아닌가 싶은 착각도 하게 되지만, 그 사이에 이미 지옥을 경험한 사람들이 엄청나게 많고 현재 진행 중인 지옥을 겪고 있는 사람들도 적지 않을 것이란 사실은 분명하다. 우리 동네만 둘러봐도 아직 폐업 상태인 가게들이 많고, 한두 다리만 건너면 그 시절 빚만 수천만 원이 늘었다는 자영업자들이 한둘이 아닌 듯하다. 나아가 공연업계 종사자나 프리랜서들 가운데는 사실상 무수입 상태로 겨우 받은 재난지원금을 수개월에 걸쳐 나눠 쓴 경우가 태반이었다.

20대 후반의 실업률이 역대 최고 수준, 경제협력개발기구(OECD) 최고 수준, 전 세계 최고 수준이어서, 청년들은 사실상 아르바이트 자리도 없는 상태가 이어진 때였다. 그런 와중에 서울 아파트값은 계속 들썩이고 이제는 10억 이하의 집들을 찾아보기 어렵다. 이쯤 되면 뭐랄까, 뇌에 과부하 같은 게 걸리기 시작해서 이 세상을 일관된 관점으로 이해하는 게 불가능한 것처럼 생각된다. '도대체 취업이 불가능하고 수입이 없고 빚만 늘어가는 그 무수한 사람들은 어떻게 지내고 있지?', '그런 와중에 제주도의 600만 원짜리 호텔로 휴가를 떠나고, 10억짜리 아파트를 사지 못해 안달난 사람들은 또 어떤 사람들이지?', '그런데도 세상은 왜 이렇게 멀쩡하게, 아무 일 없이 돌아가는 것처럼 보이지?' 같은 생각이 중구난방으로 드는 것이다.

그 와중에 TV에서 연예인들은 여전히 한강이 보이는 오피스텔 같은 걸 자랑하고 있었고, 인스타그램 피드에는 역시나 매일 값비싼 장소와 음식들이 올라오고 있었다. 반면 이 세상의 곡소리 같은 것을 들어보고자 한다면 역시 스크롤을 내리며 기사들을 뒤져봐야 했다. 청년들의 학자금 대출, 역대 최고 규모에 달한 자영업자 대출, 신청 서류가 복잡한 탓에 프리랜서 재난지원금 신청을 포기한 프리랜서들, 전세난에 당장 어디에서 살아야 할지 막막하다는 젊은 부부들, 코로나 사태 장기화로 죽어나는 의료업계 종사자들, 등교 강행으로 결국 사망하고 만 교사…. 이런 것들은 이미 잊었고 여전히 이 세상의 어떤 화려한 이미지 뒤에 가려져 잘 보이지 않는다.

'세상 같은 건 그저 원래 미쳐 있었지. 당연한 것 아닌가' 하고 생각하고 말자 싶지만, 한편으로는 멀리서부터 귓가에 그 누군가의 절규가 들려오는 것 같은 느낌을 떨쳐내기 힘들다. 이 시대 혹은 이 시절이 아무렇지 않게 다시 채색된 것처럼 보여도, 장막을 걷어내고 나면 전례 없을 만큼 먼지가 가득 쌓인 폐허가 그 자리에 있을지도 모른다. 폐허를 지나 많은 것이 복원되고 있다고들 하지만 이미 복원조차 불가능한 삶들이 산처럼 쌓여 있을지도 모를 일이다.

태권도장이 문을 닫으면
경력단절여성이 쏟아진다

❖

    모르면 몰라도, 코로나로 인해 직장을 그만둔 여성들이 산처럼 쌓여 있을 것 같다는 생각이 든다. 아내와 맞벌이로 아이를 키우면서 느끼는 건데, 부부가 사회생활을 그나마 할 수 있는 건 어린이집 덕분이다. 그런데 아이를 유치원에 보내는 때가 되면 아이의 하원 시간은 그보다 훨씬 빨라진다. 대부분 아직 직장에 있을 시간이고, 아이를 맡아줄 친척은 주변에 없다. 유일한 방법은 사람을 고용해서 아이를 돌보게 하는 것이다. 그러나 그것으로 끝이 아니다.

    문제는 아이가 좀 더 커서 초등학교에 들어가면 12시에 수업을 마치고 집에 와야 한다는 것이고, 코로나 상황이 다시 나빠지면 언제라도 학교가 온라인 전환을 할 수 있다는 점이다. 그러면 사실상 아이를 하루 종일 돌봐줄 누군가가 필요하다. 그나마 학원을 뺑뺑이 돌리면서 버티던 시절도 있었다지만 몇 주씩 학원이 강제로 문을 닫을 수도 있고, 어디에서 확진자라도 생기면 당장의 자가 격리를 어찌할 방법이 없다. 너그러운 회사는 아무렇지 않게 휴가를 줄 수도 있겠지만 그런 회사가 대한민국에 몇이나 있을까? 혹은 초등학생이 되었는데도 한글도 못 뗀 채 집에 있거나 혼자 점심 챙겨 먹으며 온라인 수업을 듣는 아이를 내버려둘 부모가 몇이나 있을까?

육아휴직을 보장해주는 경우가 늘어나고 있다곤 하지만, 대부분은 출산 후 아이가 신생아이던 시절 휴직 한도를 소진한 경우가 많다. 또는 초등학교 입학 이후 현실을 미리 알고 휴직 기간을 반년에서 1년 정도 남겨두기도 하는데, 당장 1년 뒤는 또 어떻게 할 것인가? K-육아센터라는 '태권도장'이 코로나 이전에는 아이들을 학교에서 데려와 밥 먹이고 운동시키고 미술 학원이나 피아노 학원까지 보내주는 역할을 했다는데, 코로나 시대에는 그조차도 불가능한 경우가 많다. 방과후돌봄교실도 운영되지 않는 학교도 있을뿐더러 돌봄교실은 무언가를 가르치고 학습하는 시간이 아니기 때문에 아이들을 방치한다는 죄책감을 느끼는 부모도 많다.

그러다 보면 부모 둘 중 한 명은 직장을 그만두는 수순을 밟을 수밖에 없다. 대개 우리나라 맞벌이와 노동 현실에서 남자가 소득이 월 100만 원이라도 많은 경우가 대부분이기 때문에, 이 경우 주로 여성들이 직장을 포기한다. 그렇게 한 번 직장을 그만두고 몇 년간, 적어도 아이가 중학생이 될 때 정도까지 일을 쉬고 나면 특별한 전문직이 아닌 한 직장으로 복귀하는 건 거의 불가능해진다. 이 경우 직장을 포기하지 않은 쪽이 외벌이로 가정을 지탱해야 하는데, 그렇게 되면 어지간해서는 한 달 벌어 한 달 먹고살기도 쉽지 않을 것이다.

코로나 시대란 우리 사회가 어떻게든 간신히 이어왔던 취약한 부분들이 폭로되는 시대가 아니었나 싶다. 태권도장 하나 문 닫아버리는 것으로 경력단절여성이 쏟아져 나온다. 그렇게 취약해진 어느 가정의 수입구조는 다시 빈부격차를 심화시킨다. 그 시점에 집이라도 하나 가진 사람은 그나마 사정이 나을지 모르겠으나, 둘이 열심히 벌어 집 한 채 가지자고 마음먹었던 가정은 사실상 그런 최소한의 미래 계획도 포기해야 하는 상황이 된다. 한 시대의 위기가 어느 누군가에게는 가벼운 비바람이라면 다른 어느 가정, 어느 집단, 어느 계층에는 유달리 폭풍우처럼 쏟아지는 것이다.

아이를 키우든 말든 직장을 다니든 그만두든 모두 개인의 선택이라고는 하지만 어떤 선택은 집단적으로 아예 특정한 삶을 불가능하게 만들어버린다. 특히 사회적인 위기는 그런 현실을 더 적나라하게 드러낸다. 문제는 그 선택이 어리석은 선택이 아니라는 점이다. 결혼을 하는 것, 아이를 낳는 것, 직장을 포기하지 않는 것, 아이를 더 잘 키우고 싶은 것, 그 모든 선택이 딜레마의 극한, 낭떠러지에서 어쩔 수 없이 내딛는 최후의 결단으로 이루어진다. 그런데 인간이 살아갈 사회란 그래서는 안 되는 것이다. 인간과 인간이 더 나은 삶을 함께 살아가고자 만든 사회라는 것은, 그 속에서 최선을 다해온 어느 인간들을 낭떠러지까지 몰아세워서는 안 되는 것이다.

아이들의 슬픔을 보는 슬픔

◆

　코로나가 한창 기승을 부리던 때, 집으로 올라가는 엘리베이터 앞에 서 있는 내게 마스크를 쓰고 학원 가방을 멘 아이가 "아저씨, 지금 몇 시예요?"라고 물어보는데, 이상하게 무척 슬픈 기분이 들었다. 학교에 있어야 할 어린아이가 무슨 이유에서인지 시간을 신경 쓰면서 자기 몸통만 한 가방을 메고 있는데, 그 모든 것이 하나하나 슬프게 느껴졌다. 그러면서 어딘지 모를 미안함이 느껴졌는데, 그 아이가 짊어지고 있는 모든 것이 나를 포함한 어른들이 만든 세상의 죄인 것만 같아서 그랬던 것 같다.

　세상은 마치 디스토피아의 현현을 보는 것 같았다. 전염병을 퍼뜨리는 집회, 의사가 없어 사망한 응급 환자들, 씨가 말라버린 전세 매물들, 하루가 무섭게 치솟는 확진자 수, 도산하는 자영업자들, 반토막이 난 권리금이나 비어버린 점포들, 그 와중에도 매일이 경쟁인 아이들의 삶은 마치 그들 부모를 대신하여 대리전쟁을 치르는 듯했다. 폭탄을 짊어지고 달려가는 중동의 어린 전사들을 보는 것 같았다.

신학기가 시작되어도 친구들도 선생님들도 만나지 못하고, 어디를 가나 마스크를 착용하고서 주위 사람들과 거리를 두어야 하고, 어린이집의 만 2세 이상 아이들에게까지 마스크 착용이 의무화되어버린 세상에서 아이들은 어디에서 친밀함과 친절을 배워야 하는지 걱정이 들었다. 아이들이란 본디 무턱대고 달려가고 끌어안고 피부를 맞대고 부비고, 그렇게 깔깔 웃으면서 친밀함을 배우고 세상이 자신에게 베풀어주는 친절과 호의를 알면서 자라야 한다. 그러나 거리두기의 사회에서, 아이들에게 세상 전체는 서로 멀리 떨어진 낯선 거인들의 세계가 되었다. 그 책임에서 자유로운 어른은 없을 것이다.

유명한 개 훈련사인 강형욱 씨가 한 반려견의 보호자를 훈계하는 영상을 보았다. 그는 보호자에게 끊임없이 "나의 개가 위험하다"는 것을 강조하면서 "나의 개가 남들에게 위협이 될 수 있음"을 상기시키려고 했다. 그러면서도 그 개가 얼마나 외로운지를 계속 이해시키려 했다. 그런 교육은 무척이나 낯설게 느껴졌는데, 우리가 아이들에게 가르치는 것은 "남들에게 위협이 되지 말라", "남들에게 상처를 주면 안 된다" 같은 말이 아니라 "남들을 이겨 1등을 해라", "남들한테 상처받으면 꼭 나한테 말하라", "절대 맞지만 말고 반격하라" 같은 말들이기 때문이다. 나아가 아이들의 외로움에 관해서도 얼마나 알고 있나 하는 생각이 들었다. 학교도 갈 수 없고, 부모는 모두 맞벌이에 나서 있고, 조부모에게 맡겨져 있거나 그런 돌봄조차 없는 어느 아이들의 외로움에 관해 얼마만큼 알고 있나.

타인의 아픔에 관해선 TV 속 강아지 한 마리의 외로움에 대해서만큼도 모르는 세상이라는 생각을 했다. 내일은 누가 도산하고 몰락할지, 또 누가 절규하고 누가 거리에서 죽어나갈지 두려웠다. 하루하루가 살얼음판 위를 걷는 것 같은 사람들이 도처에 있다는 생각 때문인지 파란 하늘도 그저 푸르게만 보이지는 않던 시절이었다.

그런 시절일수록 이 사회를 함께 살아가는 사람들에 관한 연민이 앞서고, 그리하여 오직 나 자신의 이익보다는 타인들의 절망에 더 관심을 가져볼 수 있는 계기가 되길 바랐지만, 아마 그조차도 요원하지 않았나 싶다. 시대에 위기가 오면 타인보다 오직 나의 이익, 내 집단의 이익, 나의 미래만이 더 선명하게 남고 중요해진다. 나도 나와 우리 가족에 대한 걱정에 마음의 8할쯤은 썼던 것 같다. 그래도 내 마음의 2할쯤은 이 시절에 휩쓸려가는 어느 삶들 속에 머물러 있기를 바랐다. 너무 어려운 시절에 너무 많은 사람들이 떠밀려 갔다. 아이들이 너무 큰 슬픔을 알면서 크지는 않았으면 싶다.

대한민국은 거대한
노키즈존

❖

제주도의 한 '노키즈존' 식당이 연예인 특혜 논란에 휩싸였다. 일반인이 아이를 데리고 갔을 때는 어떠한 예외도 없이 절대 출입 금지 원칙을 내세우던 식당에서, 한 연예인에게는 아이를 동반한 출입을 허락했기 때문이다. 이에 대해 왜 운영 원칙을 지키지 않고 사람을 가려 받느냐는 지탄이 일반적인 반응이지만, 그 또한 영업의 자유일 뿐이라는 의견도 있다. 나아가 노키즈존을 운영하는 것은 영업의 자유이고 예외적으로 어린아이를 받는 것도 영업의 자유이므로, 그에 따른 사회적 평판 저하 등 위험 부담을 감수하는 것까지 '자유의 일부'라는 말도 나온다.

이런 논란에서 흥미로운 지점들이 몇 가지 있다. 일단, 아이들을 전적으로 배제하는 것과 사람을 가려 받는 것의 차이다.

사람을 가려 받는 일에 대해 영업주는 사과했지만 노키즈존 운영에 대해서는 당연히 사과하지 않았다. 아이를 동반한 사람을 가려 받는 것은 너무도 당당한 권리지만, 연예인과 일반인을 가려 받는 건 당당하지 않다. 왜일까? 연예인과 일반인은 평등한 인간이지만, 어린아이를 동반한 인간과 그렇지 않은 인간은 평등하지 않기 때문일까? 아니면, 실제로는 영향력 있는 연예인과 일반인은 전혀 평등한 인간이 아니고, 어린아이가 없는 인간과 있는 인간도 전혀 평등한 인간이 아닌 건 아닐까?

진정한 영업의 자유를 누리고 싶다면 영업주 입장에서는 모든 사람을 가려 받고 싶을지도 모른다. 행색이 초라한 사람을 모두 문전박대하고, 시끄러운 아이들도 배제하고, 고품격의 노키즈존이자 오직 우월한 인간들만이 들어설 수 있는 공간을 만들고 싶기도 할 것이다. 아이들을 배제하는 자유와 정확히 동일한 맥락에서 백인과 아시아인만 받고 흑인은 내쫓고 싶을 수도 있다. 그조차 모두 개인의 자유이므로 그저 그에 따른 평판의 부담만 짊어지면 된다. 어떤 영업주는 마음 같아서는 영향력 있는 인플루언서, 유명인, 연예인들이 SNS 홍보만 해준다면 자식이 100명이라도 받고 싶을 것이다. 반면 같은 맥락에서 어린아이, 치매 노인, 정신장애인 등 일군의 사회적 약자들을 동반한 일반인은 기꺼이 배제하고 싶을 수 있다.

그러나 그런 욕망이 실현되어서는 안 된다고 생각한다. 욕망이나 자유에도 제한이 있어야 한다. 특정 약자 집단을 싸잡아서 배제하는 건 정확히 집단적 차별이다. 오로지 사회적 발언권이 없는 어린아이라는 이유만으로 어떠한 예외도 없이 입장을 금지하는 건 명백한 차별의 일종이다. 물론 유흥업소 등 청소년 보호를 위해 법에서 출입을 금지하는 예외는 있다. 그러나 그렇지 않은 자유로운 영업장에서 마치 아이들을 코로나바이러스 취급하며 자외선(UV) 살균기로 세균을 걸러내듯이 문전박대하는 건 차별이다. 그것이 자유라면 차별할 자유일 뿐이다. 그리고 '차별할 자유'는 결코 우리 사회가 보편적으로 합의한 자유가 아니며, 반드시 사회적 논의의 도마 위에 올라야만 하는 테제다.

물론, 적지 않은 사람들이 원하는 대로 대한민국은 시끄러운 아이들이 없는 거대한 노키즈존이 되어가고 있다. 그 누군가가 원하는 그대로, 대한민국은 세계에서 가장 아이가 태어나지 않는 나라가 되었고, 조만간 영화 〈칠드런 오브 맨〉처럼 아이의 소리 따위는 들리지 않는 천상의 노인정이 될지도 모른다. 역사상 거의 유례가 없는 저출생 국가의 현실은 이렇듯 아이에게 적대적인 문화와 무관하지 않다. 흥미로운 건 이번 사례에서 정확히 인간이 계급화되어 있는 양극화 문제도 드러났다는 점이다. 영향력 있는 그 누군가는 우월한 계급으로서 노키즈존에도 출입할 수 있고, 영업주도 기꺼이 그것을 원한다. 소득·자산의 양극화 또한 저출생 문제의 핵심적 배경이라는 점에서 이번 사건은 참으로 징후적이다.

인생이란 오직 자기만의 이익과 행복, 편안함을 좇는 것이라는 생각은 이제 충분한 통념이 되었다. 누구나 자신의 티끌만 한 행복도 타인을 위해 양보할 생각이 별로 없을 것이다. 그럼에도 전체 인생 중 아주 일부에라도 자신의 이익이나 행복이 아닌 다른 의미를 둘 여지가 있다면, 그 여지를 미래의 아이들에게 열어주었으면 한다. 왜냐하면 우리가 누리고 있는 대부분의 것들이 이후 세대의 희생에 발 딛고 있기 때문이다. 생태적 위기, 부동산 버블 현상, 양극화, 국가 부채증가, 각종 연금이나 기금의 고갈, 차별과 혐오의 문화 같은 것들은 모두 후대에 미뤄둔 폭탄과 같다.

살아가면서 의무가 하나 있다면 바로 우리가 저질러놓은 이 세상을 살아갈 아이들에게 조금이라도 미안함을 가지는 게 아닐까 싶다. 그들을 문 앞에서 걷어차는 것이 아니라 말이다. 나는 그것이 삶에서 가져야 할 최소한의 윤리 중 하나라고 믿고 있다.

갈 곳과
기댈 곳

❖

　　다른 나라도 그런지는 모르겠지만 우리나라에서는
코로나와 관련하여 종교가 문제되는 경우가 많았던 것 같다.
전 세계 그 어느 나라보다 사회적 거리두기를 철저히 하고
금방 그에 익숙해질 만큼 여러모로 안전에 신경을 많이 썼지
만, 종교적 열정만큼은 그 모든 걸 이기는 경우가 있는 듯했
다. 그런데 그 이유가 어쩌면 우리 사회가 그만큼 외로운 사
회여서 그럴지도 모른다는 생각을 했다.

　　집단 감염 등 논란이 되었던 현상들을 보면 어쩐지 갈 곳
이 종교 시설밖에 없는 사람들과 관련되어 있는 듯했다. 집
단적 소속감을 제공해주고 혼자라고 느끼지 않을 수 있게 해
주니, 외로움으로 막막한 여생에서 그래도 사람 냄새와 온기
를 나눌 수 있는 종교 시설을 포기할 수 없는 사람들이 필사

적으로 더 이 문제들과 관련되어 있다는 생각이 들었다. 종교라는 게, 혹은 신앙이라는 게 꼭 사람을 찾지 않더라도 홀로 기도하고 명상하고 경전을 읽으면서 어느 정도 해낼 수 있는 것일 텐데, 누군가는 그렇게만 하기에는 너무 절박한 외로움에 시달리고 있는 건 아닐까.

우리나라에서는 사람이 나이가 들면 찾아갈 곳이 교회밖에 없다는 이야기가 있다. 마땅히 일할 자리도 없고 동네 공동체라는 건 박살 난 지 오래. 자식들은 모두 다른 곳으로 떠나 있고 대가족은 오래전에 해체되었는데, 그나마 종교 시설을 찾으면 사람들을 만날 수 있고 안부도 주고받고 반갑게 서로를 맞아주다 보니 누군가에게는 인생 최후의 보루처럼 종교밖에 남지 않는 것이다. 그러다 보니 코로나 시대에 안전하지 않을 수 있다는 걸 알면서도 그 누군가의 온기 때문에 필사적으로 찾아간 것일지도 모르겠다.

방역수칙 위반 등으로 한때 크게 논란이 되었던 종교의 경우에는 젊은 신도들이 많았다는 이야기를 들었다. 그중 상당수는 삶이 너무 막막하고 불안하고, 주위에 믿고 의지할 사람도 함께 나아갈 사람도 없다 보니 결국 종교에 깊게 의지하게 되었다는 것이 꽤나 널리 알려지기도 했다. 그런데 청년들이 갈 곳을 생각해보면 대부분은 학원이나 스터디, 클럽 정도가 전부이다. 대학 내의 커뮤니티나 동아리 같은 것들도 과거보다 많이 해체되었고 무한 경쟁 체제가 도래하면서 취업을 하는 순서대로 '나를 두고 떠나가는' 현상이 매우 보편화되었다. 당시에는 아르바이트 자리도 구하기 어려웠고, 대학교 시설도 출입 금지돼 그나마 카페 같은 곳에 대학생들이 바글바글 모여서 온라인 강의나 듣고 있는 걸 보곤 했는데, 여전히 청년에게도 노인에게도 무척이나 외로운 사회가 아닌가 싶은 생각이 들곤 한다.

유튜브의 구독 문화나 팬덤 문화 같은 것도, 주로 소속감이 절실한 사람들이 어떤 공동체 의식을 갖고 자신이 좋아하는 화면 속 사람으로부터 외로움을 해소하고 달래는, 그런 문화의 일종으로 우리나라에 자리 잡았다는 생각이 든다. 그렇기에 어찌 보면 이미 방송가에서 간접광고(PPL)는 당연한 것으로 받아들여지는데, 유튜브의 '뒷광고(협찬받은 제품 등을 광고가 아닌 것처럼 소개하는 행위)'는 어마어마한 배신감으로 느껴지곤 하는 것이다. 유튜브에서만큼은 더 진실한 관계가 조성된다 믿고 그 구독 관계라는 것에조차 의지하며 외로움을 달랬었기에 그만큼 애증을 느끼는 게 아닐까 싶다.

생각해보면 나도 20대 시절, 나의 공동체 같은 것을 그리도 찾아 헤맸었다. 이 교회 저 교회, 성당을 찾아가 보기도 하고 철학 공부나 문학 공부를 하는 모임, 아카데미 같은 곳을 찾아다니며 어딘가 내가 '있을 곳'을 찾고 싶었다. 그나마 그런 소속감을 가장 강하게 주었던 곳이 취업 스터디였다는 건 참 아쉬운 데가 있다. 함께하는 몇 달은 참으로 서로 의지하게 되지만 하나의 목적이 달성되고는 뿔뿔이 흩어지는 그런 스터디가 고작이었다는 게 이 시대의 무언가를 말해주는 것 같다. 그나마 가정이나 회사에서 한창 활동하며 소속감이 확연한 중년 시절에는 그런 외로움도 덜할지 모르겠지만, 그 전후의 시기는 더욱 취약한 마음을 갖게 되는 것 같기도 하다. 청년들이 모이는 유흥가, 노년들이 모이는 종교가 이런 시대에도 주로 문제라면 문제가 되고 있으니 말이다.

　나의 소소한 희망이랄 게 있다면, 이런 세상에서 조금은 따뜻하고 갈 곳이 될 수 있는 그런 시공간을 만드는 것이다. 독서 모임이든 글쓰기 모임이든 그보다 더 복합적인 어떤 문화의 시간이든, 그런 것에 대한 꿈을 오래전부터 가져왔다. 실제로 나는 내가 만들었던 그런 낭독 모임 시간, 글쓰기 모임 시간에 스스로 의지하며 그 시간들이 삶의 가장 소중한 시간 중 하나라고 진심으로 믿기도 했던 터였다. 적어도 이런 세상에서 나도 그런 시간 두어 시간쯤은 만들 수 있는 사람이고 싶다는 생각을 한다. '나 혼자 잘났소' 하고 떠들며 돈 버는 시간보다는, 사람들과 육성과 눈빛을 나누며 서로 의지하고 그 시간을 사랑하는 데 중점을 두는 그런 시간을 만드는 사람이길 바라게 된다.

가장 현명한 선택은
없다

❖

모든 결혼에는 이혼하고 싶은 순간이 있다. 내가 개인적으로 가장 이상적으로 생각하는 두 부부가 있는데 얼마 전 이 부부들도 결혼 초기에는 그렇게 이혼 생각을 했었다는 이야기를 들었다. 살아가다 보면 문득문득 누구나 이런 생각을 하게 된다. 상대의 결점이나 부족한 점, 문제점을 마주했을 때 '이 사람이 아닌 다른 사람을 만났더라면, 이 부분이 더 완벽한 사람을 만났더라면 어땠을까? 그랬다면 더 낫지 않았을까?' 하는 상상을 한 번쯤은 해보게 된다.

이는 마치 어느 직장에 속한 모든 사람이 한 번쯤 이직이나 퇴직을 상상해보는 것과 비슷하다. 누구나 선택의 자유라는 게 있는 시대이고 우리 삶의 모든 영역은 '선택 가능성'의 지배를 받는다. 과거 한 시절에는 이혼 자체가 불경하거나 불가능한 것으로 받아들여지던 때가 있었고, 직장도 평생 직장의 개념이 확고한 데다 천직 개념이 공고하여 다른 선택의 여지를 상상조차 하지 못할 때도 있었다. 그러나 지금은 모든 사람이 삶 전체에서 반복적으로 선택의 압박을 받고 있고, 그로 인해 인생 전체를 바꿀 수 있다는 환상 또한 떨쳐낼 수 없다.

그렇기에 이미 평생직장, 단일 직업이라는 개념은 오래 전에 깨어졌고, 일부일처제라는 제도 자체도 여러모로 균열을 일으키고 있다. 인간의 내면 자체가 선택적이 되었는데 결혼 이후의 삶은 '불변'을 강요하므로, 이는 근원적으로 불일치할 수밖에 없는 모순 그 자체를 끌어안는 문제가 되는 것이다. 그런 와중에 내가 혹여라도 이혼을 생각하는 것은 그 자체로 내가 잘못 결혼한 것이 아닌가 스스로 의심하는 일이 되고, 나만 잘못된 것이 아닌지 고민하게 만든다. 그러나 그것은 모든 사람에게 해당하는 일이고 이 시대의 숙명이자 운명 같은 것이다. 우리는 평생 선택해야 한다는 압박을 느끼지만 삶의 많은 것은 선택하기 어렵다.

이런 분열적인 양상은 인생 전반을 끊임없이 따라다닌다. 우리는 선택이 당연한 것이고 옳은 것이며 끊임없이 선택을 해나가는 일이 인생을 제대로 살아가는 일이라 느낀다. 꿈이든 연인이든 배우자든 자식 계획이든 사는 동네든 직업이든 살 곳이든 항상 더 '나은 것'이 있다는 상상이 평생 주어진다. "더 나은 선택지가 있고, 나는 그것을 선택할 수 있다"라는 명제는 무척이나 강렬해서 이 명제에서 벗어날 수 있는 가능성은 거의 없는 것 같다. 문제는 실제로 그런 끊임없는 선택으로 인해 누군가는 마치 더 나은 삶으로 계속해서 다가가는 것처럼 보인다는 것이다. 선택은 환상이면서 동시에 현실이다. 그런데 반대로 또 나는 그 '선택 가능성' 때문에 삶을 엉망으로 만든 사람들도 많이 보았다.

사실 삶에서 가장 정확한 선택, 현명한 선택이라는 것이 존재할 수 있는지 의심스럽다. 자기 삶에 만족하는 사람들은 대개 자기가 해왔던 모든 선택이 옳았던 것이라 믿는다. 반대로 삶이 엉망이 된 사람들은 자기 삶의 무수한 선택들이 어리석은 것이었다고 말하곤 한다. 그런데 내가 계속하여 느끼는 것은 언제나 선택 그 자체보다도 선택 이후가 더 중요했다는 점이다. 물론 삶에는 더 나은 선택이라는 게 있을 테지만 최고의 선택이 무엇인지는 신이 아닌 이상 누구도 알 방법이 없다. 누군가 공무원을 선택하여 나름대로 만족하는 삶을 살고 있지만 공무원을 선택하지 않았다면 유명한 연예인이 되어 더 화려한 삶을 살고 있었을지도 모른다. 그런데 삶의 차이란 사실 내가 선택한 공무원의 삶에 만족하는가, 아니면 연예인의 삶을 끊임없이 동경하는가에 있을 것이다. 그래서 그중에는 공무원의 삶을 포기하고 자신이 꿈꾸던 연예인이 되는 경우도 있을 테고, 결국 연예인은커녕 공무원마저 잃은 삶도 있을 것이다.

삶이 이렇듯 끊임없는 선택의 요구와 그런 선택에 따라 천차만별로 달라지는 차원에 놓였다는 것은 여러모로 어려운 일일 수밖에 없다. 그런데 나라면 이런 시대에서 무엇보다도, 그 어떤 선택도 완벽할 수는 없으니 내가 끊임없이 해왔던 선택 속에 있는 좋은 것들을 더 많이 생각하고자 할 것 같다. 선택 이후에는 내가 선택한 것에 대한 환상이 사라진다. 누군가를 만났을 때 그저 종교가 같고 영화와 음악 취향이 비슷하고 농담을 주고받는 일이 너무 어울려서 놀랍고 신비롭다가도, 이윽고 그런 선택의 이로움은 너무 당연한 것이 되고 덜 소중한 것이 된다. 내가 그토록 꿈꾸던 직장에 들어섰을 때도 최초의 감격은 무뎌지고 내가 누리고 있는 것들이 그저 당연한 것이 되어 다른 채움, 새로운 자극, 또 다른 측면에서의 충족을 바라게 된다.

나는 삶에서 가장 주의해야 하는 게 있다면, 다른 선택에 대한 상상이라고 생각한다. 더군다나 그 상상이 지금까지 내가 해왔던 선택들을 송두리째 부정하고 파괴해야만 성립할 수 있는 종류의 환상이라면, 아무리 조심하더라도 나쁘지 않다. 과거의 나보다 현재의 내가 언제나 더 현명하다고 믿을 수는 없기 때문이다. 그보다는 과거의 나, 미래의 나와 끊임없이 대화하면서, 현재의 상상도 선택도 환상도 조절하면서 나아가는 태도가 필요할 것이다. 삶이 선택에 놓인다는 것은 멋진 일이기도 하지만 무엇보다 무서운 일이기도 하기 때문이다.

적당한 구속이 주는
자유의 힘

◆
◆

어쩌면 살면서 가장 싸우기 어려운 것은 구속이 아니라 자유가 아닐까 싶다. 인간은 완전한 자유라는 것을 감당할 수 없도록 만들어져서, 아마 전면적인 자유 안에서는 자유로움이 아니라 막막함을 느낄 것이다. 무엇이든 할 수 있다는 것은 때로는 재앙이 된다. 세상에 내가 오늘 당장 할 수 있는 게 수만 가지, 수백만 가지가 있다고 한다면 그중 무엇을 해야 좋을지를 선택하기 쉽지 않을 것이다. 무엇이 내게 가장 의미 있을지, 무엇이 내게 가장 큰 쾌락이나 행복을 줄지, 무엇을 해야 후회하지 않을지 고민하다가 아마 미쳐버릴지도 모를 일이다. 선택지가 너무 많으면 그 선택을 어떻게 해야 좋을지 모르는 상태에 이르는 것처럼, 무한한 자유는 막막한 망망대해와 같을 것이다.

그 정도까지의 자유는 아니겠지만, 나 같은 경우도 자유가 있을 때 그 시간을 선택하는 일이 어렵다. 당장 넷플릭스만 켜도 볼 수 있는 게 너무 많다 보니 이 '자유로운' 시간에 뭔가를 선택하는 데 한참 걸리곤 한다. 차라리 과거처럼 내가 볼 수 있는 DVD가 지금 집에 2장밖에 없다면 고르는 게 꽤나 간단할 것이다. 마찬가지로 시간을 어떻게 써도 좋을 때는 그 시간을 온전하게 선택하는 일이 쉽지 않다. 대개는 '자유'로 정말 의미 있는 시간을 선택하기보다는 편안하고 쉬운 시간을 선택하게 된다. 가령 작가라면 텅 빈 시간이 주어졌을 때 그 시간을 온전히 창작에 퍼붓는 것보다 그냥 누워서 TV나 켜고 인터넷을 돌아다는 걸 선택하기가 훨씬 쉽다.

반면, 삶이 적당한 구속으로 채워져 있을 때는 그 구속의 틈새를 더 의미 있게 보내기 위해 필사적이 되기도 한다. 나 같은 경우는 로스쿨을 다닐 때 그런 상황이 절정을 이루었다. 그야말로 전 방위적인 구속과 시간 부족에 시달리는 상황이었지만, 오히려 그 틈새에는 어느 때보다 명확하고 힘 있게 그 시간을 누릴 수 있었다. 사람들이 하나같이 로스쿨 다니고 육아하면서 어떻게 책을 몇 권이나 썼는지 물어보곤 했는데, 그럴 때면 오히려 그런 상황이 더 집중적으로 시간을 쓰는 데 도움을 준 것 같다고 말하기도 한다. 학비를 벌어야 했고 글쓰기도 포기하고 싶지 않았기에, 그 와중에 낼 수 있었던 하루의 극히 적은 시간을 온전히 내 삶에서 가장 중요한 것들에만 쓸 수 있었다. 생각해보면 인생에서 로스쿨 3년만큼 허비한 시간이 거의 없는 때도 없었다. 나아가 자유가 '많던' 시절보다 오히려 '없던' 시절에 더 자유를 많이 누렸던 것 같은 묘한 느낌도 든다.

사람들의 이야기를 듣다 보면 많은 사람들이 인생의 목표로 자유를 두고 있다. 누군가는 권력을 얻어서, 누군가는 돈을 많이 벌어서, 누군가는 명예와 인지도를 통해 자유를 얻는 게 목표라고 말한다. 그런데 그보다 더 중요한 것은 과연 자유로 무엇을 할 것인가가 아닐까 싶다. 결국 자유로운 입장이 된다 하더라도 할 수 있는 것은 한 번에 하나뿐이다. 무한히 다양한 것을 할 수 있는 자유가 주어진다 하더라도 결국 그중 하나를 선택해야 한다. 그럴 때 내가 정말로 삶을 걸고서 선택하고픈 그 '하나'란 무엇인지도 생각해볼 필요가 있을 것 같다. 그것은 넷플릭스 실컷 보기인가 전 세계 크루즈 여행인가. 혹은 사랑하는 사람과 보내는 시간인가 아니면 원하는 일을 하는 것인가. 그런 것들에 관해 오히려 더 고민해봐야 하는 게 아닐까 싶다.

결국 삶에서 이상적인 자유를 꿈꾸며 산다고 하더라도 막상 그런 자유가 도래했을 때는 기대했던 것만큼 '행복한 자유'를 누리는 게 어려울 수도 있다. 어느 정도의 구속이 존재하는 시간에야말로, 마냥 자유로울 때보다 더 많은 일을 하며 더 많은 자유의 힘을 누릴 수 있을지도 모른다. 어떤 시간의 가치는 지나고 나서야 이해되고 발견되기도 한다는 점을 생각해보면, 사실 바로 지금 이 시절이 내게는 가장 적절했고 가장 알찼고 가장 의미 있었던 시절로 기억될지도 모를 일이다. 어쩌면 미래의 어느 시절, 무한한 자유와 싸우면서 틈새 있는 구속의 시절을 그리워할지도 모르고 말이다.

닥치면
하게 된다

❖

　지난 몇 년간 삶에서 익혀온 가장 절실한 태도 하나는 '닥치면 무엇이든 하게 된다'는 것이었다. 나는 친척 중에서 가장 먼저 결혼했기 때문에 사실 결혼에 대해 아는 게 없어도 너무 없었다. 결혼식 준비라는 걸 하면서 하나부터 열까지 무얼 해야 할지조차 잘 몰랐지만 그래도 아내와 상의하며 어찌저찌 해냈다. 청첩장 그림도 문구도 직접 만들고 프러포즈를 준비하고 식장도 직접 찾으러 다니고 스냅샷 찍으러 제주도까지 날아가고 반지를 사고 신혼여행 준비하던 생각이 난다. 인생의 이벤트를 준비하며 매일 새로운 일들을 겪었지만 그래도 누구나 해내듯이 나도 해낼 수 있었다.

　육아는 나에게 더 터무니없는 무엇이었다. 나는 주위에 조카 한 명 없었고 아기라는 존재를 가까이에서 볼 일 자체가 아예 없다시피 했다. 아기, 아이, 어린이, 이런 존재는 성인이 된 이후 내 주위에서 제대로 만날 일 없는 유니콘 같은 존재였다. 지금 생각해도 아이를 어떻게 키웠나 싶은데, 아무것도 몰랐지만 그때그때 어떻게든 대처하고 수습하고 처리하며 겨우 해냈던 것 같다. 양가 부모님한테도 많이 물어보고, 아내 언니라든지 네이버 지식인이라든지 119라든지 병원이라든지 여기저기 전화해대면서, 그리고 우연히 알게 된 형한테 매일 물어보면서. 그렇게 알음알음, 임기응변으로 어떻게든 남들 다 하듯이 나도 이겨냈다.

로스쿨 공부도 그랬다. 남들은 다 몇 달씩 예습도 하고 학원도 다니고 미리 스터디도 한 이후에 들어온 경우가 많았지만, 나는 신혼에 이사에 다른 일들로 그야말로 아무것도 모른 채 로스쿨에 들어갔다. 거의 아무런 개념도 없는 상태로 공부를 시작했지만, 하나둘 사람들을 알아가고 그렇게 알게 된 사람들을 쫓아다니며 물어보고 부지런히 시행착오를 겪으면서 간신히 공부에도 적응했다. 그러면서 무엇이든 뛰어들면 어떻게든 하게 된다는 걸 믿게 되어갔다. 뛰어들기 전에는 '내가 해낼 수 있을까', '해낼 수 없을 거야', '나는 못할 거야' 같은 두려움에 그냥 지배되고 있을 뿐이다. 스스로를 던져 넣으면 어떻게든 해나가는 게 또 인간이라고 많이 느꼈다.

삶에서 사실상 거의 첫 직장 생활이라고 할 법한 생활도 마찬가지였다. 내가 잘할 수 있을까 걱정도 했지만, 역시 그냥 매일같이 사람들 쫓아다니며 물어보고 수십 번씩 지적받고 그래도 또 뛰어다니다 보니 부지런히 배우고 적응하게 되었다. 사람은 항상 무엇이든 하기 전에는 '관념'에 사로잡혀 있다. 어떤 일에 대한 편견, 선입관, 두려움 같은 것에 휘어잡힌 채로 한 걸음을 떼지 못할 때가 참 많다. 그러나 막상 들어서면, 막상 닥치면 어떻게든 하게 되는데 지나고 나면 그 시절의 두려움이라는 게 다 무엇이었나 싶기도 하다. 두려움이라는 건 정말 별반 가치가 없는 것이어서 그냥 무시해버릴수록 좋은 게 아닌가 싶을 때가 많은 것이다. 물론 때로는 삶에서 필요한 두려움도 있긴 하지만 말이다.

삶이라는 건 그저 살아내고 해내면 되는 것 같다. 너무 두려워하거나 너무 걱정할 필요 없이 그저 걸어 들어가면 되는 것, 그저 걸어 들어가야 하는 것이라고 느끼곤 한다. 그렇게 걸어 들어가면, 그저 삶이 되는 것이다. 그렇게 보면 삶에서 가장 중요한 덕목은 씩씩함이 아닐까 싶다. 너무 두려워 말고 그저 씩씩하게, 하루하루 일하고 사랑하고 내게 주어진 길을 걸어가는 것이다.

단점이 찾아준
정답

❖

변호사 시험을 준비하면서 항상 자각하고 있었던 건 내 시간의 절대량이 남들보다 부족하다는 점이었다. 그렇다고 해서 내가 남들보다 머리가 좋거나 법학 적성이 뛰어나다고 믿을 수도 없었는데, 첫 학년 성적이라는 게 영 시원치 못했기 때문이다. 사실 나는 그래도 꽤 오랫동안 읽고 쓰는 일을 해왔으므로 남들보다 조금은 더 공부에 유리하지 않을까 생각했는데, 현실은 별로 그렇지 않았다. 재능 같은 걸 내세울 만한 건덕지는 없었고 외적인 상황들은 공부할 수 있는 입장이 아니라고만 계속 속삭이는 것 같았다.

아무리 결혼 전부터 모아둔 돈이 있었다 하더라도 미래도 없이 돈을 다 써버릴 수는 없는 노릇이었다. 그래서 정해둔 하한선 같은 게 있었다면, 로스쿨을 다니며 돈을 더 모을 수는 없더라도 적어도 마이너스는 되지 말자는 것이었다. 그러다 보니 3년 내내 수입을 유지해야 했다. 할 수 있는 건 주로 강연과 글쓰기밖에 없었는데 그렇다고 해서 하루에 한두 시간 이상을 투자할 수 없는 상황이었다. 그렇게 수입을 유지하기 위한 한두 시간, 육아를 하거나 가족과 보내는 두세 시간을 떼어내고 나면, 매일 10시간 정도를 채워서 공부한다는 건 내게 불가능한 일처럼 느껴지기도 했다.

남들이 책을 다섯 번 읽을 동안 나는 두세 번밖에 읽을 수 없었다. 그렇다고 남들이 다섯 번 읽어야 이해하고 암기해 적어낼 수 있는 것을, 두세 번 만에 해낼 수 있을 만큼 머리가 좋지도 않았다. 결국 남들만큼은 해야 따라갈 수 있었는데 그 양을 어떻게 채울지가 관건이었다. 첫 학년에 사실상 법조인이 되겠다는 생각은 접어야 할 정도의 성적을 받으면서도 나는 한 가지 방법을 알아갔다. 그것은 책을 읽을 때 그냥 읽지 않고 목소리를 내어 녹음하는 것이었다.

녹음을 하면 강연장에 가면서, 학교를 오가는 자동차에서, 아이 목욕을 시키는 화장실에서, 요리를 하는 저녁 시간에, 아이를 데리고 간 키즈카페에서 녹음한 내용을 들을 수 있다. 그러면 두세 번밖에 읽지 못했을 것을 적어도 두세 번 더 들을 수 있다. 그것이 내가 생각해낸 거의 유일한 방법이었다. 다른 방법이 없었기 때문에 택한 것이었는데, 그렇게 모든 과목을 녹음해서 듣고 다니기 시작하면서 성적이 부쩍 오르기 시작했다. 거의 세 자릿수 등수로 시작한 공부였지만 마지막 해에는 한 자릿수 등수라는 것도 받아볼 수 있었다. 그때 휴대폰에는 200개쯤 되는 녹음 파일이 저장되어 있었다.

생각해보면 법학 공부에서는 흔히 '회독 수'라는 걸 중시하는데, 그렇게 스스로 소리 내어 읽은 것을 귀로 들으면서 회독 수를 꽤나 성실하게 늘릴 수 있었던 게 아닐까 싶다. 읽은 걸 다시 읽고 또 읽고 하다 보면 체력이 너무 많이 소모되어 속도가 느려지거나, 읽는 건지 그냥 보는 건지 책장만 넘기는 건지 헷갈리기도 한다. 그런데 녹음해서 듣는 방식은 정해진 속도로 꽤나 정확하게 다시 이해하게 하며, 끊임없이 회독 수를 기계처럼 늘려주었던 것 같다. 어쩔 수 없이 선택한 방법이었지만 내게는 최선의 방법이 되었던 셈이다.

그러면서 하나 깨달았던 건, 사람이나 상황의 단점이 언제나 단점으로만 끝나지 않는다는 점이었다. 어떤 단점은 오히려 그것을 집요하게 극복할 수밖에 없는 상황까지 나를 몰아세우고 거기에서 어떻게든 답을 찾게 하는데, 그 답이 바로 정답인 경우가 종종 있다. 내가 그렇게 시간 부족에 시달리지 않았다면 나에게 적합한 공부 방법을 찾는 데 훨씬 오랜 시간이 걸렸을지 모르고, 어쩌면 시험이 끝난 이후에서야 찾았을지도 모른다.

마찬가지로, 그렇게 모든 게 절실한 시절이었기 때문에 그만큼 그 어느 때보다 더 절실히 사랑했고 더 절실히 글을 쓰며 이 삶을 더 농도 짙게 느꼈을지도 모른다. 삶에 정답이라는 게 없다고 느낀다. 그저 어느 시절에든 시간을 아쉬워하고 삶의 가치를 붙잡고자 한다면 무언가 길이 보이는 것인지도 모른다. 이 시절도, 이다음 시절도 마찬가지로 말이다.

법을 공부하기 전엔
몰랐던 무기들

❖

　로스쿨 교육체계상 공법으로 분류되는 헌법과 행정법은 내가 가장 좋아하고 비교적 잘하던 분야였다. 이 분야의 공부가 흥미로웠던 건 대개 국가와 개인이 대립관계를 이룬다는 점 때문이었다. 국민 개개인은 국가라는 거대 권력에 비하면 미약하기 짝이 없는 존재들이다. 나 또한 현실에서는 국가 앞에서 약소한 개인에 불과하지만 이 법의 영역에 들어오면서, 국가라는 거대조직으로부터 자신을 보호할 수 있는 각종 방법을 알게 되었다.

　민법이 주로 개인 간에 일어나는 일에 관한 것이라면 공법은 상당 부분 국가라는 거대 권력집단과 개인의 일에 관한 것이다. 이 구도는 묘하게 '개인'의 편에 서야 한다는 마음을 심어주는 듯했다. 왜냐하면 문제가 되는 경우란 대부분 국가가 과도하게 개인의 권리를 제한하거나 침해했을 때이기 때문이다. 그래서 변호사의 입장을 상상하면서, 꽤나 안심하고 가능한 한 모든 수단을 떠올려볼 수 있었다. 상대는 나름대로 안타깝거나 억울한 사연이 있을 수 있는 개인이 아니라, 미약한 개인을 부당하게 괴롭힌 것일지 모르는 거대 권력이기 때문이다.

법을 공부하기 전에는 알 턱이 없었던 무기들을 알아가는 건 흥미로운 일이었다. 국가가 개인에게 한 일에 대해서는 행정심판을 청구하거나, 행정소송과 민사소송을 제기하고, 헌법소원까지 해볼 수 있다. 법정이 항상 개인의 편일 리는 없겠지만, 그래도 국가가 '부당한' 일을 했다면 그와 대등하게 싸울 수 있는 방법이 개인에게 존재한다. 적어도 그 방법을 구체적으로 알게 되는 것 자체가 의미 있게 느껴졌다. 이전까지는 권력과 폭력에 대해 비판하는 글을 쓸 수는 있어도 막상 그것들이 내게 일어났을 때 싸우는 방법을 몰랐지만, 이제는 적어도 알게 된 셈이었다. 세상에는 그런 싸움을 지지해주는 헌법과 법률, 사법절차라는 게 있었다.

법을 공부하기 전까지는 세상의 모든 일에 오로지 강자와 약자만 있을 뿐이라 생각했다. 원룸을 계약한 대학생은 당연히 집주인에 대해 약자이고, 함부로 무어라 주장할 수도 없으며, 보증금만 잘 돌려받아도 다행이라 생각했다. 그러나 법을 공부하고 나면 임차인이 행사할 수 있는 온갖 실질적인 권리와 그 실행 방법을 알게 된다. 이전에 막연히 약자라 생각했던 이들이 가질 수 있는 무기를 알게 되는 셈이다. 세상은 항상 강자의 편일지 모르겠으나 법의 세계에서는 약자가 쓸 수 있는 아주 명확한 무기들이 있었다. 특히 국가와의 관계에서 그렇다고 느꼈다.

그렇게 법을 공부할수록 알게 된 것은 이 세상이 여전히 역동적으로 작동하는 세계라는 점이었다. 권력관계라는 게 이미 다 결정되어서 어찌 손써볼 수도 없는 세상까지는 아니라는 생각이 들었다. 국가의 부당한 법집행에 대해 싸울 수 있고, 그 법 자체를 문제 삼을 수 있고, 새로운 법을 제정할 수도 있다. 심지어 헌법재판이라는 것은 시대 변화라는 걸 상당히 중시하기 때문에 과거에는 정당했던 국가의 일도 오늘날에는 부당한 것으로 새로이 규정지을 수도 있었다. 내가 느낀 공법의 세계는 살아 있는 권력, 이미 규정된 힘, 강고한 제도와 싸우는 세계였고 실제로 이길 수도 있는 세계였다. 나는 책상 앞에 앉아 있을 따름이었지만 공법의 세계에서는 권력과 실제로 싸우는 무기들을 다듬을 수 있었다. 그랬기에 그 시간을 참으로 좋아했던 것 같다.

행복한 삶과
가치 있는 삶

❖

    어떤 삶이 가장 행복한가에만 초점을 맞추고 인생을 살아가는 건 어딘지 충분치 않은 데가 있는 것 같다. 아무리 행복이 중요하다고 하더라도 행복이 전부는 아닐 거라는 생각이 든다. 오히려 '어떤 삶이 가장 행복한가'라는 질문은 종종 '어떤 삶이 가장 가치 있는가'라는 질문과 정면으로 충돌하기도 할 것이다. 어떤 삶은 덜 행복하지만 더 의미 있기도 하다. 독재정권의 장군은 평생 골프 치며 행복하게 살 수는 있겠지만, 독재정권에 저항하며 지하에서 살아가는 저항군의 삶보다 더 가치 있지는 않다.

  삶의 관건을 오로지 행복에만 집중할 경우 점점 묘한 자기 폐쇄적 성향을 띠게 되는 느낌도 있다. 지금 이 순간 무엇이 가장 행복한가, 어떻게 마음을 행복하게 만들 것인가 하는 질문에만 고도로 몰두할 경우, 우리는 삶의 많은 의무나 가능성, 책임과 현실성을 버려야 할 수도 있다. 가령 이 순간을 가장 행복하게 하는 고도의 명상 상태가 있다고 했을 때, 그 시간을 '행복한 명상'으로 채우는 것도 가능하지만 대신 사랑하는 사람을 위한 의무를 다하고 내가 가치 있다고 생각하는 어떤 일에 헌신하는 데 쓸 수도 있다. 그 시간의 '행복도' 혹은 '행복의 강도나 양' 자체는 명상 상태가 더 높을지도 모르지만 그 시간의 '가치'는 다르게 평가될 수도 있는 것이다.

내가 나 자신에게 '지금 행복한가?', '지금 가장 행복한 상태인가?'라고 계속하여 묻는 것은 어딘지 괴상한 일이라는 생각이 들기도 한다. 행복이라는 것은 삶에 파슬리 가루처럼 골고루 뿌려져 있으면 좋긴 하지만, 인생이 오로지 파슬리 가루로만 가득한 파슬리통일 필요는 없다. 오히려 이렇게 물을 수 있다. 인생을 행복으로만 채우는 대신, 반쯤은 행복을 지향하되 나머지 반쯤은 덜 행복하더라도 더 가치 있는 것에 '나'를 쓸 수는 없을까? 나라는 인간이 할 수 있는 보다 중요한 일은 없을까? 한 번뿐인 인생을 행복이라는 드럼통에 빠뜨리기보다는 드럼통을 굴려나가면서 땀 흘리며 할 수 있는 일은 없을까?

현대사회에서 점점 '행복'에 인생의 절대적인 기준을 놓고, 행복이 가장 옳은 것이며 행복에 헌신해야 한다는 강박이 증가하고 있다는 느낌을 받는다. 이때의 행복이란 일종의 '웰빙'이며, 기분 좋은 상태와 편안함을 유지하는 것이다. 행복한 삶을 살겠다는 것은 자기 감정에 가장 기여하는 삶을 살겠다는 것이다. 그런데 삶을 오로지 그런 관점에서 접근하는 것이 과연 삶을 정말 '좋은 것'으로 만들어주는지는 의문이 들기도 한다. 그보다 삶에는 행복 이상의 무엇, 삶 자체를 긍정하게 하는 힘, 감정과 다소 무관하게 우리에게 확신을 주는 어떤 태도나 의미가 있지는 않을까?

결국 삶에서는 두 가지 질문을 계속 지니고 있으면 어떨까 싶다. 하나가 이미 우리 시대의 강박이 되기도 한 '나는 행복한가?'라는 질문이라면, 다른 하나는 '나는 가치 있는 삶을 살고 있는가?'라는 질문이다. 특히 후자의 질문이 중요한 이유는 그렇게 계속 물음으로써 자기만의 가치를 정립하고 만들어나갈 수 있기 때문일 것이다. 스스로 지키고자 하는 어떤 가치의 존재가 삶의 기준이 되고 삶의 이유가 되는 것이다. 우리는 스스로의 행복을 위해 살기도 하지만 자기의 가치를 위해 살기도 한다. 삶이라는 것을 마냥 어느 감정 상태로 환원할 수는 없다.

행복이라는 강박에
맞서

◆
◆

에바 일루즈(Eva Illouz)의 책《해피크라시》에는 꽤 흥미로운 통찰이 나온다. 현대사회의 행복 산업을 비판하면서, 행복이 인생의 목표라기보다는 '전제'가 되었다는 지적이다. 성공해서 행복을 얻는다는 생각은 이제 옛것이 되었다. 오히려 행복해야 성공할 수 있다. 행복한 사람, 낙관적이고 밝고 회복 탄력성이 높은 사람이어야 성공하는 인생을 살 수 있다. 그것이 우리 사회의 거대한 자기계발 산업이 되었다고 본다.

현대의 자기계발주의자들은 다소 우울하거나 내성적이거나 그리 행복하지 않은 사람이 학업 성취도가 낮고 성공적인 취업을 하기도 어려우며 직장에 들어가서도 조직에 잘 적응하지 못하여 성공하기 어렵다고 말한다. 우울에 머무르는 사람은 현대사회에 어울리지 않으며, 우울하지 않더라도 '적극적으로 행복'하지 않은 사람은 서둘러 스스로를 고치지 않으면 안 된다. 행복한 인간이 되기 위하여 자기 자신을 망치질하지 않으면 성공적인 인생을 살기는 불가능하리라는 것이다.

모든 사회에는 저마다의 주된 '강박'이 있다. 어느 시대는 유달리 사랑이나 결혼이 강조되고 또 어느 시대는 꿈이 없는 인간이란 죽은 인간이라 말하기도 한다. 어느 시대에는 신과 영성이 강조되며 어느 시대에는 공산주의나 대의와 정의가 중요한 강박이다. 그런데 현재 미국을 중심으로 한 현대사회는 '행복'이라는 강박에 사로잡혀 있다는 것이다. 물론 행복 자체가 잘못된 건 아니다. 행복이 그처럼 거대한 산업이자 이데올로기가 될 수 있었던 것은 그만큼 삶에서 의미 있는 측면이 크다는 증거일 수도 있다. 행복한 상태가 우리에게 주는 의미가 있을 것이다. 행복한 사람은 어쩌면 정말로 의욕이 높고 남들과 관계가 좋고 그래서 사회에서 적응하는 데 유리할 수도 있다.

문제는 언제나 한 시대의 주된 이데올로기가 강박이 되고 산업이 되면서 강요되는 것이다. 모든 사람이 인생 내내 행복 가득한 활기를 가질 필요는 없다. 오히려 그런 강박은 어떤 사람들에게는 부자연스럽고 억지스러워 삶을 뒤틀린 방향으로 이끌 수도 있다. 행복과 활력과 무한한 회복탄력성과 긍정이 너무 가득한 상태보다는, 적당한 염세주의 속에서의 평화, 고요한 편안함, 가라앉은 내면적인 삶이 더 어울리는 사람도 있을 법하다. 혹은 다소 고통스럽더라도 행복보다는 고통을 택하면서 치열하게 의미를 좇는 삶이 더 맞는 사람도 있을 것이다.

행복의 강박은 대개 화려한 소비에 대한 욕망과도 맞물린다. SNS나 TV 속에서 화려한 소비를 하며 웃고 즐기는 것 같은 어느 삶을 향한 강박, 말하자면 '상향평준화된 이미지'에 대한 강박 또한 일종의 행복에 대한 강박이다. 반대로, 덜 이미지적이고 덜 화려하고 덜 시끄러운 삶에 대한 매혹은 찾아보기 어렵다. 한때 귀농이나 한적한 숲속에서 고요한 삶을 찾는 트렌드가 잠시 있기도 했으나 어느덧 찾아보기 어렵게 되었다. 더 중심으로, 더 수도권으로, 더 화려한 곳으로, 더 상승할 것! 행복을 향하기 위해 행복한 인간이 될 것! 행복이 전제이자 결과인 삶을 살 것! 행복을 전시하고 고통은 없는 것처럼 살 것! 그것이 우리 사회의 명령이다.

모든 시대, 모든 사회에서 사람은 그 시대의 강박이라는 것을 어느 순간 내면화하게 된다. 나 또한 다르지 않다. 내게도 당연히 행복에 대한 강박이 있다. 그리고 어느 정도 시대의 요구를 따르는 것 또한 나쁘다기보다는, 인간의 운명에 가까울 것이다. 그러나 당연하게도 모든 사람에게 좋은 단하나의 기준 같은 건 세상에 없다. 어떤 시대의 어떤 기준이 많은 사람들에게 유의미할 수는 있어도 모든 사람에게 그럴수는 없다. 그러므로 내게 어울리는 삶을 알아가는 것이 시대의 강박을 따르는 것보다 언제나 더 중요하다. 때로는 내가 잘못되었다고 말하는 시대와 치열하게 싸울 필요도 있는것이다.

도파민과
과몰입

❖
❖

　도파민은 예측 불가능한 것에 대한 기대감과 밀접한 관련이 있다고 한다. 즉, 무엇이든 예측했던 것보다 더 근사한 일이 일어나거나 예상될 때 도파민이 과도하게 분비된다. 가령 거북이들에게 도파민 분비를 촉진시키고 싶으면 예측 불가능할 때 예측 불가능한 양의 먹이를 주면 된다. 늘 같은 시간에 같은 패턴으로 정량을 주는 게 아니라, 갑자기 기적처럼 하늘에서 많은 양의 먹이가 떨어지는 식으로 먹이를 주다 보면 거북이는 주인의 손이 나타날 때마다 과도하게 도파민을 분비시키면서 일종의 흥분 상태에 휩싸인다.

　흥미로운 점은 이런 도파민이 주로 '미래'와 관련되어 있다는 점이다. 예측 불가능한 미래, 나에게 무언가 대단한 것을 주는 것, 꿈, 과대망상, 희망 같은 것을 꿈꾸게 하는 것이 도파민이 하는 일이다. 그런데 이런 도파민이 분비될 때 잠을 자는 호르몬들이 있는데, 대표적인 게 옥시토신과 엔도르핀이라고 한다. 옥시토신과 엔도르핀 같은 호르몬은 사람은 현재에 잡아두고 현재에 만족하게 하며 현재를 행복감으로 넘쳐나게 만드는 물질이다. 이런 물질은 미래의 열렬한 기적을 꿈꾸는 물질인 도파민이 분비될 때 도망치듯이 사라진다고 한다. 혹은 도파민 분비가 끝난 곳에서 조심스럽게, 스멀스멀 기어 나온다.

정리하자면 내가 지금 몰입하고 있는 일이 미래의 정확히 예측 불가능한 기적을 줄 거라고 믿을 때 우리는 도파민의 지배를 받는 셈이다. 사람에 따라서는 이런 상태에서 초인적인 노력을 해서 실제로 기적을 맞이하기도 한다. 그런데 문제는, 실제로 기적이 일어날 가능성과 무관하게 도파민이 분비되기도 하는 탓에 과몰입 상태에 빠질 수 있다는 점이다. 대표적인 게 도박이나 주식, 코인 같은 예측 불가능한 기적이 불러오는 중독 상태 같은 것인데, 그런 예측 불가능한 기적들을 반복해서 맛보다 보면 도파민이 오직 그런 곳에서만 분비되는 상태가 된다. 그러면 다른 곳에서는 전혀 쾌락이나 흥분을 느낄 수 없고 몰입할 수도 없이, 오로지 도박적인 기적만을 꿈꾸며 초조하게 과몰입하는 상태로 뇌가 만들어진다. 이는 사실상 뇌가 파괴된 상태나 마찬가지라고 한다.

그래서 예측 불가능한 기적은 상당히 위험한 데가 있다. 거의 모든 사람들이 인생에서 로또 대박이나 재테크를 통한 벼락부자 같은 것을 꿈꾸는 세상이지만, 정작 그런 예측 불가능한 기적을 맛보게 되면 도파민 분비 구조가 그에 중독적으로 만들어져서 과몰입하는 상태가 생길 수도 있는 것이다. 그렇게 예측 불가능한 기적에 대한 도파민 중독 상태에 빠지면, 현재에는 도저히 만족할 수 없고 행복할 수도 없는 뇌를 갖게 되어버린다. 옥시토신과 엔도르핀은 도망치고, 미래에 대한 과대망상과 기적을 향한 집착만이 남는 것이다. 그 외에 다른 것에는 거의 아무런 즐거움이나 감흥도 느낄 수 없고 늘 가라앉은 상태만이 유지된다. 오로지 도파민 분비를 일으키는 대상에게서만 '살아 있음'을 느끼게 되는 것이다.

개인적으로는 이것이 사업이나 예술 같은 영역과도 관련되어 있다는 생각이 든다. 사업에서의 성공 또한 고도의 도파민 분비와 관련되어 있어서, 기하급수적으로 성장하는 일에 빠져들면 삶의 다른 측면은 점점 시시해지고 현재 삶에 존재하는 여러 감각에서 얻는 행복은 사라질 수도 있다. 예술 또한 베스트셀러를 쓴다든지 커다란 상을 받는다든지 하는 것들을 기대하며 극도로 몰입하는 상태가 도파민을 최고도로 분비시키고, 그러고 나면 엄청난 공허감이 따라오기도 하는 것이다. 그러면 계속해서 쓰거나 만들면서 다음의 더 큰 상, 더 큰 인기, 더 큰 판매를 바라며 과몰입하는 상태가 이어질 수 있다. 그런 도파민 구조 안에서만 역시 살아 있음을 느끼기 때문이다.

그렇게 보면 도파민은 한 사람을 거의 천재라 부를 정도로 한 분야에 과몰입하게 만들면서 엄청난 성취를 불러일으키기도 하지만, 동시에 그만큼 '현재의 행복'이라는 것을 빼앗아가는 것처럼도 보인다. 근 몇 년간 계속 도파민에 관심을 갖게 되는데, 나의 삶의 상당 부분도 이 도파민에 지배받고 있다는 생각 때문이다. 성취를 위한 과몰입과 그 이후의 공허감을 자주 반복해서 느껴오기도 했고, 반대로 현재의 행복을 움켜잡기 위해 필사적으로 애쓰는 일들이 매일같이 일어난다. 내가 지배당하고 있는 감정구조라든지 욕망구조에서 어찌 보면 세상의 많은 것들과 싸워왔는데, 요즘에는 최후의 적은 내 안에 있는 신경전달물질 같은 것들이 아닌가 하는 생각도 든다. 삶의 순간마다 육박해오는 이 감정, 마음과 싸우기 쉽지 않은 경우가 참으로 많다.

해방의 순간,
에피파니

❖
❖

에피파니(epiphany)란 '정지된 순간 속에 도래하는 돌연한 계시'라는 의미를 지니고 있다. BTS의 노래 제목으로 널리 알려졌지만 원래는 신학적 용어이고 낭만주의 이후에는 문학에서도 많이 활용되는 개념이다. 특히 제임스 조이스(James Joyce)는 에피파니를 아주 조심스럽게 잘 다루어내는 것이야말로 예술가의 사명이라는 이야기를 한 적이 있다. 예술가란 삶 속에 도래하는 어느 순간의 에피파니를 놓치지 않고 그에 몰두하며 인간과 세계에 대한 진실을 발견하는 자다.

에피파니는 심리학자 에이브러햄 매슬로(Abraham Maslow)에 의해 '절정경험' 혹은 '고원경험'이라고 명명되기도 하는 것처럼 보인다. 정신없이 살아가는 일상 속에서 우리는 대개 삶을 온전히 대하지 못한 채 그 속의 온갖 관념들에 뒤엉켜 있다. 먹고사는 일에 대한 의무, 그로 인한 걱정, 자질구레한 욕망, 삶을 멀리 보기보다는 눈앞의 번뇌를 경험하면서 인생 자체에 짓눌리듯 살아가는 '반복'이 삶의 일반적인 모습이다. 그 가운데 우리가 일상을 초월하는 어떤 신비적인 순간, 일종의 황홀경, 한 순간의 절정으로서 기쁨이나 환희를 체험하면서 삶의 '창조성'을 경험하는 것이 절정경험이다.

에피파니란 그와 비슷하면서도 다른 측면이 있는데, 무엇보다도 이 세계의 본질을 목격하는 '인상'의 순간이라는 점이다. 에피파니의 순간에 우리는 이 세상을, 자기 자신을, 타인들을 날것 그대로 경험한다. 명품 가방을 든 상류층으로 보이는 사람, 남루하거나 다소 소외되어 있는 것처럼 보이는 부랑자, 근사해 보이는 건물, 누추해 보이는 집, 목적지로 효율적으로 데려다줄 도로, 그 밖의 온갖 체계와 서열들로 만들어진 게 우리가 보는 '세상'이라면, 에피파니의 순간에 그런 관념적 평가들은 삭제된다. 대신 이 세계는 그 자체의 모습을 드러내는데, 이때 그 순간을 목격하는 자는 이 세계를 '아름다움'으로 경험한다.

이 세계의 아름다움을 목격한 자는 자신의 자아가 갇혀 있던 현실이 얼마나 왜소했는지를 깨닫는다. 우리가 항상 내면의 광대한 세계로부터 차단된 채로 살아가고 있다는 걸 알게 되는 것이다. 내가 경험하는 이 에피파니 속의 세계는 곧 내 안으로부터 흘러넘치는 어떤 광대한 부유물과 연결되어 있는 것이다. 나는 곧 세계이고, 세계가 곧 내가 되면서, 기존에 존재하던 경계들이 허물어진다. 그렇게 우리는 세계와 자아의 진실을 목격하게 되는데, 예술가는 바로 그 '목격'의 순간을 찾아 헤매는 수도승 같은 존재인 것이다. 적어도 제임스 조이스에 의하면 작가는 글쓰기를 통해 그 순간을 찾아 헤매고 간직하기도 하며 삶에 새겨 넣기도 한다.

경우에 따라서 이런 에피파니의 순간은 '해방'이라는 어휘로도 표현될 수 있을 듯하다. 문명과 사회 속에서 살아가는 인간은 언제나 이 사회의 체제 내에 구속되어 있다. 그래야만 타인들과 온전히 관계를 맺으며 사회생활도 할 수 있고, 사회가 요구하는 여러 역할과 일도 할 수 있기 때문이다. 그렇게 보면 에피파니란 그런 문명과 사회에 억압되어 있는 인간 존재가 한순간 존재의 본질에 들어서는 해방의 순간이기도 하다. 그 순간은 어쩌면 일시적이고 금방 흩어져 사라져버리는 것일지도 모르지만, 그 누군가는 계속하여 그 해방의 순간을 좇아간다.

에피파니의 순간을 그토록 찾아 헤매는 이유는, 그 순간에 삶과 세계를 너무나 사랑하게 되어 비로소 온전히 자기가 세계 속에 존재하는 느낌을 잊을 수 없기 때문일 것이다. 사실 인간은 이 삶과 세계를 사랑하고 싶어서 살아가고 있을지도 모른다. 이 세계에 감격하고 삶의 아름다움에 취하고 싶어서 한평생 기나긴 여정을 이어갈지도 모른다. 운명처럼 그런 순간을 찾기 위해 애초에 태어나고 존재했을지도 모른다. 누군가는 그 순간을 신이라 부르고, 누군가는 사랑이라고, 누군가는 진실이라고 부른다. 분명한 건 그런 순간이 존재한다는 것이다. 무수한 사람들이 그런 순간을 증언한다는 사실이다.

나를 살리는
글쓰기

❖

몇 년 전, 한 편집자를 만나서 이야기를 했던 적이 있다. 그는 내가 '달팽이' 같다면서, 달팽이처럼 느리고 여유롭게 살아가는 인생으로 콘셉트를 잡아 책을 한 권 같이 만들어보자고 했다. 나는 그 말을 듣고 "제가 달팽이 같나요? 저 사실 엄청 바쁜데"라고 대답하면서, 지금 로스쿨 재학 중이고 밤낮으로 아이 돌보고 틈만 나면 강연 뛰어다닌다고 이야기해주었다. 그는 깜짝 놀라면서 자기는 내가 신선이나 선비처럼 사는 것처럼 보였다고 했다. 그래서 달팽이 콘셉트 책은 관두기로 하고 몇 년 뒤 학업이 끝나면 다른 책을 만들기로 했다.

내가 글을 쓰며 의아했던 점 중 하나가 그런 점이었다. 나는 분명 매일같이 너무 바쁘고 여유가 하나도 없고 그래서 겨우 시간을 쪼개어 가족과 함께하는 짧은 순간이 너무 소중하다는 식의 이야기를 해왔는데도, 나의 바쁨이나 여유 없음에 대해서는 잘 전달되지 않는 경우가 있기 때문이었다. 너무 힘들고 여력이라고는 전혀 없고 죽을 것 같고 하루에 음악 한 곡 듣는 여유조차 아쉽다고 그렇게 적기도 했지만, 그런 것들이 누군가에게는 읽히지 않는 것 같아 신기하기도 했다. 나의 삶을 그저 밝고 빛나고 사랑 넘치고 아름답게만 바라보는 사람이 있을 때면 그렇지 않다고 굳이 또 이야기해주기도 했지만, 사람에 따라 그런 이야기들은 생략되는 것 같았다. '읽기'란 원래 그런 것이기도 하고 말이다.

한편으로 그런 오해의 이유는 내가 하고 있는 '바쁜 일'에 대해 명확히 밝히지 않았기 때문이기도 한 것 같다. 그런데 그것 말고도 내가 글을 쓸 때 굳이 밝히지 않는 이야기는 많다. 우리 집안의 구체적인 사정이라든지 내가 불편함을 느끼는 사람의 정보라든지, 내가 자랑하고 싶은 이야기나 죄 지었던 이야기 중에는 굳이 적지 않는 것도 많다. 글쓰기라는 것은 나의 모든 것에 대해 다 털어놓는 게 아니라, 내가 이야기함으로써 내 삶을 이롭게 하고 더 좋은 삶을 사는 일에 다가갈 수 있도록 하는 것이라 믿기 때문이다. 온갖 욕설, 타인에 대한 뒷말, 내 안에 끓어넘치는 나쁜 감정, 내 생활의 모든 정보를 다 털어놓는 건 글쓰기라기보다는 배설에 가까울 것이다.

나는 특히 글쓰기가 삶을 어지럽히거나 더 나쁘게 만들어서는 안 된다고 믿어왔다. 적어도 내 삶에서 글쓰기란 그런 위치에 있어서는 안 된다고 생각했다. 글쓰기는 내 삶을 살려야 하고 나에게 아무리 여유나 사랑이 없다고 한들, 그 없는 사랑조차 더 사랑할 수 있게 해야 한다. 내가 매일 겪는 게 자괴감이고 불안감이고 박탈감이어도, 글쓰기는 내게 그것들을 이겨낼 수 있는 아주 작은 힘을 내 안에서 발견하게 하는 것이어야 한다. 내가 타인에 대한 시기, 질투나 증오에 사로잡힐 때, 글쓰기는 그것을 증폭시키는 것이 아니라 그런 감정을 잠재우고 나를 더 온당한 마음으로 이끄는 것이어야 한다. 내가 믿는 글쓰기란 그런 것이다.

그런 관점에서, 내가 새로운 분야에 도전하고 있고 그 일 때문에 몇 년간 다른 일은 거의 못할 만큼 바쁘다는 이야기는 항상 해왔지만 그 일이 무엇인지 특정하지는 않았다. 그 이유 중 하나는 내가 로스쿨에 다닌다고 말하면 대부분의 사람들이 당연히 합격할 거라 말했는데 그 말이 무척 부담스러웠기 때문이다. 합격률은 절반밖에 안 되고 나의 성적이나 능력도 합격을 장담할 정도가 아니었다.

그래서 내 주변의 정말 소수의 사람에게 말고는, 굳이 내가 무엇을 공부하며 어디에 몰두하고 있는지 떠벌리고 다니지 않았다. 특히 수험생활의 마지막 해쯤 되면 누군가 건네는 사소한 응원이나 관심조차 부담스러워지는 때가 온다. 당연히 매일 시험에 불합격할 것을 상상하기도 하고, 그 이후에 도래할 내 삶의 파장이나 '플랜B'에 대해 걱정하는 게 하루 고민의 절반쯤 된다. 그런 마음을 다스리기 위해서라도 누군가 물어보면 그저 '다른 분야 일을 준비하고 있다', '다른 분야 공부를 하고 있다' 정도로 에둘러 말하곤 했다. 대개 서울로 돌아가면 알려드릴 때가 있을 거라고 말하면서 말이다.

앞으로의 글쓰기도 다르지 않을 거라는 생각이 든다. 내가 아이와 보내는 너무 사랑스러운 저녁 시간에 대해 쓰는 날은, 직장에서 엄청 모욕을 당하고 온 날일지도 모른다. 실제로 그런 날 가족의 존재는 세상 둘도 없는 절실한 위안이 되기 때문이다. 홀로 보내는 시간의 소중함에 대해 이야기하는 날은, 하루 종일 사람들에 치이다 새벽에 잠깐 홀로 있는 30분을 얻은 날일지도 모른다. 그렇게 내 마음과 영혼이 사는 곳을 다시 한번, 절실하게 확인하고 싶을 것이기 때문이다. 시기나 질투의 나쁨에 대해 이야기하는 날은, 역시 나 스스로 그런 시기, 질투에 사로잡히는 게 너무나 괴로워서 그것

을 이겨내는 힘을 내 안에서 찾고 싶기 때문일 것이다. 나는
아마 평생 그렇게 글 쓰며 살아갈 것이다. 글쓰기가 나를 살
려내길, 글쓰기에 구원받길 기도하면서 말이다.

책을 안 읽는다고
글도 안 읽을까

◆
◆

문득 요즘은 정말로 책을 읽지 않는 시대라는 걸 느
낀 순간이 있었다. 직장 동료들과 이야기를 하는데 무슨 영화
를 좋아하는지, 요즘 어떤 영화를 보는지, 어디가 데이트하기
좋고 주말에는 어떤 넷플릭스 드라마를 정주행하기 좋은지
서로 물어보면서였다. 나는 애초 상대에게 어떤 책을 좋아하
는지, 요즘 어떤 책을 읽는지를 묻지 않고 있었던 것이다.

주위를 둘러보아도 매주 혹은 매달 몇 권의 책을 취미로
읽는 사람을 거의 찾아보기 어렵다. 물론 작가나 편집자를
만나면 책 이야기를 어렵지 않게 하지만 그런 '업계' 사람이
아닌 이에게 책 이야기를 꺼낸다는 것 자체가 이제는 꽤나
이상한 일이 되어버렸다. 출퇴근 시간 지하철에 앉아 있어도
대부분은 스마트폰을 들여다보고 있을 뿐 책 읽는 사람은 천

연기념물처럼 드물다.

출판계는 단군 이래 언제나 불황이었다고는 하지만 요즘 들어 업계 사람들을 만나면 곡소리가 더 나온다. 서점들과 도매업체가 폐업하고 제본소도 찾기 어려워지고 편집자들의 처우도 아쉬운 면이 많은 모양이다. 자연스레 그런 시대에 글을 쓴다는 게 무엇인지 생각해보지 않을 수 없다. 그러면서 드는 생각은 '과연 책을 읽지 않는 시대이지만 사람들이 정말 글도 읽지 않을까?' 하는 것이다. 아마 그렇지는 않은 듯하다. 오히려 지금은 대부분의 사람들이 매일 무언가를 읽고 쓰는 시대이기도 하다.

온라인 커뮤니티, 블로그, SNS 등에는 매일 다 읽을 수도 없는 어마어마한 글들이 쏟아진다. 인터넷 언론사도 전례 없이 늘어나서 하나의 이슈만 터지더라도 관련 기사를 일일이 다 클릭해볼 수 없을 정도이다. 단지 사람들이 책을 읽지 않을 뿐 글을 읽지 않는 건 아니다. 마찬가지로 과거처럼 신문이나 잡지, 책에 글을 쓸 수 있는 사람들이 한정되었던 시대는 끝나고 누구나 매일같이 글을 쓰는 시대이기도 하다. 하루에만 각종 온라인 공간에서 평생 가도 읽을 수 없는 양의 글이 쏟아진다. 어찌 보면 글쓰기를 '너무 심각하게' 생각하는 시대가 저물어가는 것뿐일지도 모른다.

그렇게 보면 비록 사람들이 더 이상 책을 읽지 않는 시대여도 글을 쓸 이유는 남아 있는 셈이다. 나는 글쓰기라는 것이 홀로 고립되어 오로지 자기 자신만을 위해 하는 것은 아니라고 믿고 있다. 글쓰기란 타인에게 말 걸기를, 다른 사람과 어우러지기를 바라는 일에 가깝다고 믿는다. 그런 관점에서는 여전히 독자가 존재하고 글 읽기를 기다리는 사람이 존재한다면, 글을 써나갈 아주 중요한 이유가 존재하는 것이다.

나아가 이처럼 글 쓰는 공간과 방식의 '거대한 전환'에서 중요한 것은 글이 읽히고 쓰이는 일의 '직접성'이다. 과거에는 글이 쓰이고 책으로 만들어지고 출간되어 독자에게 닿기까지 상당히 오랜 시간이 걸렸다면, 이런 시대의 글은 쓰이는 순간부터 읽히기 시작한다. 또한 독자의 피드백이 즉각적으로 이루어지면서 글이 더 '대화적인' 성격을 띤다. 작가는 점점 더 골방에서 홀로 벽을 마주 보고 글 쓰는 사람이 아니게 되었다. 오히려 초연결의 시대라는 말에 가장 어울릴 법한 사람이 되고 있는지도 모른다. 글쓰기는 매일 하는 일이고 매일 소통하는 일이며 매일 주고받고 매일 고쳐지고 매일 나아가는 역동적인 행위가 되었다.

세상의 모든 건 변한다. 나는 종이라는 질감 위에 새겨진 검은 잉크의 매력을 여전히 사랑하지만, 종이책이라는 매체

나 장문의 글이 읽히는 시대는 저물어갈지도 모른다. 하지만 아무리 먼 미래에도 우리는 여전히 언어를 사용하고 대화를 하고 문자와 글을 쓰며 살아갈 것이다. 그런 점에서 글쓰기는 끝나지 않을 것이다. 더 많은 사람들이 더 많은 곳에서 수시로 글을 쓰며 사는 시대가 이미 왔거나 앞으로 올지 모른다. 그러니 나는 이렇게 말하고 싶다. 출판 시장이 어렵고 사람들 손에서 책이 떠나갈지라도 나는 계속 글을 쓸 것이라고 말이다. 그리고 이런 시대에는 모든 사람들이 글쓰기를 한결 덜 심각하게 느끼면서 일상적으로 누리기를 바라보기도 한다.

정확한 호의로
무성한 악의를 견디기

❖

한때 한국에서 문학 하는 사람들 중 상당수는 무라카미 하루키를 악의적으로 읽었다. 하루키는 가벼운 대중문학을 하는 사람이고 그에게 영향받았다는 말은 문인들에게 모욕이었다. 하루키를 좋다고 말하는 것은 깊이가 부족하다는 걸 스스로 자백하는 일이었다. 하루키는 비판해야 마땅한 대상이었다. 문인들에게 그가 쓰는 글이 '하루키와 비슷하다'고 말하면 그들은 눈살을 찌푸렸다. 하루키는 대중적으로 인기만 많을 뿐 깊이도 없고 문제의식도 천박한, 나쁜 글을 쓰는 사람으로 읽혔다.

그러나 전 세계적으로 하루키가 인정받기 시작하고 굵직한 문학상도 받으면서 문학사의 한 자리를 차지하게 되자, 그런 흐름도 달라진 것처럼 보인다. 아니면 단지 문학 하는 사람들의 성향이 바뀌었을지도 모르고 말이다. 어쨌든 이제는 많은 사람들이 하루키를 호의적으로 받아들이기 시작했다. 하루키에게 영향받았고 하루키를 좋아한다고 당당히 말하는 문인들도 많아졌다. 악의적으로 읽히던 하루키가 호의적으로 읽히게 된 셈이다.

사실 글 읽기라는 것은 대개 그와 다르지 않다. 편견이나 선입관이 항상 깔리기 마련이고 글 자체보다는 호의나 악의가 먼저 있기도 하다. 글쓴이에 대한 개인적인 악감정이나 피해의식, 편견 때문에 나쁜 글이라 여기는 경우도 있다. 반대로 글쓴이에 대한 막연한 호감이나 사람 자체에 대한 신뢰 때문에 좋은 글이라 생각하는 경우도 많다.

주변의 작가나 유명인들로부터 거의 정기적으로 듣는 고민도 그와 관련되어 있다. '사람들이 나를 악의적으로 해석한다', '나를 고의적으로 오해하여 공격한다' 같은 말들이다. 그러면 나는 '세상에 비난받지 않는 사람은 없다', '프란체스코 교황이나 마더 테레사도 비난받는다', '세상에 넘쳐나는 악의는 절대 피할 수 없다'라고 말해주곤 했다. 하지만 작가들은 마음이 예민하거나 여린 경우가 많아서 그런 일들에 어떻게 대처해야 할지 모르는 경우도 많아 보였다.

분명한 것 하나는 세상의 악의에 일일이 반응하다 보면,

자기 자신도 악마나 괴물이 되어가는 일이 정말 순식간에 일어난다는 점이다. 건실했던 사업가가 순식간에 도박에 빠져 가산을 탕진하는 것처럼 말이다. 그러니 자신을 향하는 악의의 존재, 고의적인 왜곡과 험담, 피해의식 섞인 비난 같은 것은 반드시 적당히 걸러내야 한다. 온당한 비판이라면 스스로 나아지는 데 참고해야 하겠지만, 그렇지 않은 말들은 집에 돌아와 먼지처럼 털어내야 한다. 그런 악의는 피할 길이 없다. 그냥 맞은 다음, 털어내야 한다.

결국 악의에 가장 큰 피해를 보는 건 그 대상이기도 하지만, 악의를 가진 자 스스로이기도 하다. 그들은 스스로 통찰력이라고 믿는 불편함의 느낌, 험담의 쾌감, 악의의 반복에 중독된다. 그래서 나는 때론 그저 그들을 불쌍히 여기라고 말해주기도 했다. '불쌍한 사람들일 뿐이다', '내버려두고, 당신은 당신의 갈 길을 가라' 하고 말하곤 했다. 그들을 피하고 싶으면 아무것도 쓰지 않고 말하지 않으면 된다. 실제로 그렇게 된 작가들도 더러 보았다. 그러나 나는 당신이 계속 쓰고 자신의 길을 가면 좋겠다고, 그렇게 말하곤 했다.

가끔은 그런 말이 내게도 필요하다고 느낀다. 그저 스스로에게 부끄러움 없이 갈 길을 가면 된다고 말이다. 세상 모든 사람의 마음에 드는 건 불가능하고, 심지어 좋은 일도 아니다. 중요한 건 정확한 호의를 얻는 일이다. 삶의 가치나 글쓰기의 의미를 함께 공감할 수 있는 사람들이 건네주는 정확한 호의가 늘 중요하다. 그런 사람들을 하나둘 알아가면서 이야기하고 쓰고 견뎌나가는 것이다. 그렇게 삶의 중심에 의미 있는 선의를 만들고 호의를 쌓아 좋은 삶이라 할 법한 것에 진입하는 것이다. 주위를 떠도는 악의들이 어찌할 수 없는 선의의 울타리를 만들어가면서 말이다.

느낌을
불신하다

❖

우리 시대는 인류 역사상 모든 사람이 자기의 '느낌'을 가장 맹신하는 시대이다. 우리는 내면의 느낌에 따라 상품을 선택하고 인생의 꿈을 결정하며 우정을 맺을 사람을 고르고 평생 함께할 반려자를 선택하고 사회의 운명을 바꿀 정치인을 고른다. 나아가 그런 내 안의 느낌을 신뢰하도록 요구받고, 그 느낌이 내 인생과 우리 사회를 결정하는 것이라 믿도록 온 주변으로부터 북돋아진다.

요즘 유행하는 "'쎄함'은 과학이다" 같은 말이라든지, 타인에 대한 즉각적인 호감과 비호감을 나누는 경향, '시발비용(스트레스를 받지 않았다면 쓰지 않았을 비용)'이나 '가심비', '시심비'처럼 자기 느낌에 주목하는 소비 생활, 내면에서 자기 마음에 가장 맞는 꿈을 찾으라는 명령 등은 모두 개인의 느낌에 매우 대단한 것을 부여하고 있다. 또 내가 아는 한, 거의 모든 사람이 자신은 '사람을 잘 본다'고 하는데 이 또한 시대적으로 사람들이 점점 더 자기의 느낌, 직감, 직관 같은 것을 신뢰하도록 부추겨지고 있는 사실과 무관하지 않을 것이다.

그런데 모든 사람이 자기 느낌에 집착하면서 그것을 신뢰하고 그에 따라 살고자 하는 시대일수록, 묘하게 사회 전체에 불안이 더 가득해지는 것처럼 보이기도 한다. 사실 우리가 내면의 느낌을 좇아 인생의 꿈을 선택한다는 것, 그것이 옳고 멋진 삶이라 믿는다는 것은 보이지도 않고 증명할 수도 없는 무언가를 믿는다는 말과 같다. 우리는 어느 순간 느낌에 따라 자기의 꿈을 확신하지만, 돌아서면 그 느낌을 의심할 수밖에 없다. 느낌이란 계속 달라지는 것이지 고정불변하는 것이 아니기 때문이다.

그래서 그 불안을 이겨내기 위해서는, 과거에 자기가 꿈에 대해 가졌던 느낌이 절대적인 계시나 소명 같은 것이 틀림없다고 더 맹신하고 집착해야만 한다. '느낌은 옳은 것이어야 해. 설령 나중에 반대되는 느낌이 들더라도 내가 더 중요한 순간에 경험한 느낌이 더 신뢰할 수 있는 것이라고 믿어야만 해.' 그렇게 끝없는 자기 설득을 하면서 불안과 싸워야 하는 것이다.

사랑의 문제도 다르지 않다. 내가 이 사람을 사랑하는지 아닌지는 곧 이 사람을 사랑하는 느낌이 드는지 아닌지라는 지극히 단순한 기준에 따라 결정된다. 사랑이란 느낌이다. 그리고 그 느낌이 없으면 사랑도 끝난 것이다. 우리는 계속 나의 느낌에게 묻는다. 사랑의 느낌이 있어? 느낌 없어? 예전에는 무언가 '있지' 않았어? 그런데 오늘은 없는 거야? 사랑이 끝난 거야? 이 느낌이라는 건 단순히 옥시토신 같은 호르몬 수치로 측정 가능한 것도 아니다. 인간이 개개인마다 느끼는 내면의 느낌이란 훨씬 복합적이고 제각각이어서 저마다 자기의 느낌을 정의하는 방식도 천차만별이다.

그렇게 보면 이 시대가 느낌의 시대인 동시에 어째서 불안의 시대인지도 납득이 간다. 느낌이란 원천적으로 불분명한 것이고 불안한 것이기 때문이다. 갈수록 무수한 사람들이 고도의 직감, '쎄함'에 더 매달리는 것은 사실 그만큼 더 불안하기 때문이다. 다른 사람은 몰라도 나의 '쎄함'만큼은 과학이어야 한다는, 다른 모든 사람의 느낌은 틀리더라도 내 느낌은 백발백중이라는 신앙 없이는 이 삶을 제대로 정립하고 견뎌낼 수가 없는 것이다.

그러나 우리가 스스로를 맹신하는 방식이 언제나 삶을 좋은 방향으로 이끌진 않을 것이다. 삶을 보다 정확하게 살아내는 방법은 불안을 견디기 위한 자기기만보다는, 자기 자신을 객관화하는 '거리' 속에 있을 가능성이 높다. 느낌과 거리를 두고 느낌을 어느 정도 불신하는 태도가 삶을 더 온전한 방식으로 이끌 수도 있다. 불안 과잉의 시대에 진짜 필요한 것은 느낌에 대한 맹신이 아니라 어느 정도의 불신일지도 모른다. 그러나 나는 자기의 느낌을 어느 정도 불신한다고 말할 만큼 스스로에 대해 겸허한 거리를 두는 사람을 거의 보지 못한 것 같다.

타인으로부터의
자기효능감

◆

　최근 방송이나 언론, SNS 등에서 '자기효능감'이라는 용어를 사용하는 경우가 늘고 있다. 단순히 인생에서 자기효능감이 중요하다는 이야기부터 정치적 선택에서 자기효능감의 중요성을 말하기도 하고, 소비자의 소비 패턴이나 사회적인 경향에서도 이 용어를 통한 분석이 유행하는 듯하다. 과거로 따지자면 '자존감'이라는 용어의 유행과 비슷한데 그 맥락은 꽤나 다른 것처럼 보인다.

　심리학적 정의와 무관하게 자존감이 우리 사회에서 쓰이던 맥락은 일종의 '자기애' 비슷한 것이었다. 자기 자신을 존중하고 사랑하는 사람은 사랑도 잘하고 인간관계도 잘 맺고 일도 열심히 하고 인생에서 성공도 한다는 식이었다. 그래서 적지 않은 사람들이 자존감을 일종의 만병통치약처럼 이야기하곤 했다. 무엇이든 다 '자존감이 부족하기 때문이다', '자존감을 길러야 한다'는 식이었다. 나아가 사람들은 자기 자신을 자책하는 방식으로 자존감에 의지하기도 했다. '나는 자존감이 부족하기 때문에 사랑도 실패했고 인생도 이 모양이야. 자존감을 길러야 해.' 그런 말들이 유행이나 밈처럼 번져나갔다.

최근에는 그 자리에 자기효능감이라는 말이 들어서고 있는 것처럼 느껴진다. 자기효능감이 쓰이는 맥락은 자존감과는 조금 다른데, 주로 어떤 일을 했을 때 나를 '확인'하는 것의 중요성을 의미하는 듯하다. 가령 정치에서 내가 어떤 세력을 지지하는 이유는 그 세력을 지지하는 것이 '효과가 있다는 느낌', 즉 나의 표가 가치 있고 그 표로 인해 무언가 되돌려 받는 느낌과 관련 있다는 것이다. 무엇을 하든지 '나라는 존재가 공기처럼 사라지지 않고 무언가를 남긴다', '나도 어떤 효과를 발생시킬 수 있다', '나는 투명인간이 아니라 어떤 힘을 행사할 수 있는 존재다'라는 느낌이 중요해지고 있다는 것이다.

이를테면 청와대 게시판에 내가 어떤 청원을 올려 수십만 개의 동의를 얻고 대통령이 뉴스에서 발언한다고 가정할 때 이보다 자기효능감이 넘치는 일도 드물다. 혹은 SNS에 글을 올렸는데 수천 개의 '좋아요'와 '댓글'이 달리는 일도 비슷할 것이다. 그 이전까지 나는 이 세상에 아무런 영향력도 주지 못하는 사람 같았지만 그 순간부터는 나도 무언가를 '할 수 있다'는 느낌을 받는다. 그때 '할 수 있다'의 핵심은 '타인으로부터의 반응'이다. 이 맥락은 흔히 우리 사회에서 자존감이 소비되던 방향과는 완전히 반대다.

자존감의 유행은 타인들을 제거하면서 자기 안으로 파고들어 문제 해결을 찾는 방식에 가까웠다. '내가 나를 사랑하고 존중해야 해. 그러면 나는 잘 살 수 있어'라는 게 자존감의 유행 쪽이다. 반면 '타인들의 반응이 내가 존재한다는 느낌을 줘', '나에 대한 반응이 내가 무언가를 할 수 있다는 믿음을 줘', '내가 하고 싶은 건 바로 그 누군가의 반응을 이끌어내는 일이야'라는 게 자기효능감의 유행 쪽이다. 물론 심리학자들은 자존감이건 자기효능감이건 학문적 용어를 그런 식으로 쓰지 말라고 지적할지 모르겠지만, 대중 사회에서 쓰이는 방식은 이와 같아 보인다.

아마도 이런 흐름은 사회와 문화가 전반적으로 '연결' 중심으로 바뀌는 현상과도 깊이 관련되어 보인다. 어릴 적부터 유튜브와 SNS에 익숙했던 청년 세대의 유입은 인생이 결국 '좋아요' 개수에 지배된다는 현실 인식을 강화시키는 면이 있다. 아이돌이나 게임 BJ, 유튜버 등이 아이들이 꿈꾸는 장래희망 1순위라는 건 무엇을 의미할까? 그것은 의사나 판사, 교수가 되길 바라는 아이들의 사회와 어떻게 다를까?

아마도 전자의 사회에서 아이들은 숫자로 환원되는 타인들의 즉각적인 '반응'을 중시한다고 볼 수 있을 것이다. 반면 후자의 사회에서는 집단적으로 공유하는 어떤 기준, 관념, 무엇이 훌륭하다고 하는지에 대한 가치평가라는 '추상적인 개념'이 중요하다. 다시, 전자의 사회에서 중요한 것은 그런 추상적 관념이 아니라 실제로 매 순간 살아 있는 반응으로 다가오는 구체적 타인들의 '현현'이다.

내 안에 있는 관념과 싸우면서 자기를 사랑해야 한다고 믿는 자존감의 인간은 과거의 인간이다. 반면 실제로 매 순간 현현하는 '좋아요' 속 타인들로부터 자기효능감을 얻고자 하는 인간이 최근의 인간이 되고 있다. 이런 인간성의 변화는 시대마다 있는 것이지만, 우리 시대의 인간상이 타인들에 대해 더 취약한 형태로 변모하고 있다는 것이 진실에 가까워 보인다.

그럴수록 내가 타인들로부터 얻는 자기효능감이라는 걸 배제한 지점에 대해서도 고민해야 하지 않을까 싶다. 나에게는 타인들에게 덜 민감한, 나 스스로 자족하는 자리가 얼마나 있는가, 또 그런 공간이 내 안에서 어디쯤 있는가를 확인할 필요도 있는 것이다. 그저 내가 나로 머물러 있을 수 있는 호숫가 오두막 같은 자리 하나가 내면에 지어질 필요가 있을 것이다.

시간은
공간과 함께 흐른다

◆

"엄마 배에는 시간이 지나가지 않는 거예요?" 아이는 그렇게 말하면서 울었다. 아내가 오늘 속이 좋지 않다면서 누워 있자, '엄마의 배'에는 시간이 왜 흐르지 않느냐고 물은 것이다. 아내는 아이에게 종종 "시간이 약이야", "시간이 지나면 괜찮아질 거야"라고 말해주곤 했다. 아이는 그 말을 듣고 손이나 무릎이 아플 때가 있으면 "시간이 약이에요? 시간이 지나면 괜찮아져요?" 하고 울먹거리며 묻곤 했다. 그러면 나도 "맞아, 시간이 약이야. 곧 괜찮아질 거야"라며 아이를 달래주었다.

나는 아이에게 대답해주었다. "아니야. 엄마 배에도 시간이 지나긴 하는데, 조금 오래 걸릴 뿐이야." 삶에는 시간이 빨리 흐르는 아픔도 있고 천천히 흐르는 아픔도 있다. 그러나 언젠가는 괜찮아진다. 속으로 그런 말을 되뇌었다. 아마 다른 모든 일이 그럴 것이다. 대개의 상처나 아픔은 시간이 지나면서 괜찮아진다. 때로는 시간이 너무 느리게 흘러서 괴롭기도 하지만, 또 사람의 의지라는 건 그런 시계태엽을 다소 빨리 돌릴 수도 있는 것 같다.

오랜만에 다시 본 영화 〈고양이의 보은〉에는 '나의 시간'을 잊지 않으면 고양이로 변하는 걸 막고 인간으로 되돌아올 수 있다는 대사가 나온다. 인간은 자기의 시간을 알고 책임지면서 그 흐름 속에 살아가는 존재다. 핵심은 어떻게 시간을 고이게 두지 않고 흘러가게 하느냐에 있는 것 같다. 시간이 고여 있으면, 이상하게 삶에서 쌓여 있던 온갖 상처나 아픔, 고민과 걱정들이 물밀 듯 쏟아져 들어온다. 그러나 시간을 흐르게 할 수 있다면, 그런 것들로부터 부지런히 도망치면서 언젠가 그것들이 흐려지고 약해지며 치유될 수 있도록 만들 수 있는 것 같다.

특히 시간을 허비하거나 소비하는 게 아니라, 시간이 삶을 살려내면서 흐를 수 있게 하는 길도 있지 않을까 싶다. 고인 물은 썩지만 흐르는 물은 그 무언가를 실어가고 도달하게 하고 깨끗하게 한다. 아이는 늘 묻는다. "물이 거품보다 세요? 물이 흐르면, 씻으면, 아주 깨끗해져요?" 시간은 상처보다 힘이 세고, 시간이 흐르면 깨끗해진다. 매일 새로운 마음으로 오늘을 대하고 사랑할 수 있게 된다. 나의 자아에 남겨진 여러 상처들을 거품처럼 씻어낸다.

그렇다면 시간을 살리면서 흐르게 하는 방법은 무엇일까? 나는 그 한 방법이 공간을 이동하는 것이라 느낀다. 공간을 이동하며 걸어가고 어딘가 목표지에 도착하고 다시 돌아오는 일들은 묘하게도 시간의 진행과 맞물려 있다. 하루 종일 방 안에 있는 일은 공간적으로 고립된 것일 뿐 아니라 시간적으로도 고여 있는 것과 맞닿아 있는 듯하다. 그저 밖으로 나서서 태양빛을 쬐고 어딘가로 이동하는 것만으로도 시간이 흐른다. 시간이 흐르면서 고여 있을 때 쌓여왔던 근심들이 씻기기도 한다. 아마도 인류가 태양을 쫓아 부지런히 수렵이나 채집을 떠나도록 만들어져 있어서 그런지도 모르겠다. 이동해야 살아남고 아픔이 고쳐진다.

그래서 사람은 삶에서 정기적으로 갈 곳이 있으면 좋은 것 같다. 어딘가로 부지런히 돌아다니다 보면 시간 역시 부지런히 흘러간다. 자신의 일터로 나서고, 집으로 돌아오고, 때론 여행을 떠나며 이루어지는 공간의 이동이 시간이 되고 삶이 된다. 아이에게도 언젠가 그렇게 말해줄 날이 있을 것이다. "마음이 너무 아프고 도대체 시간이 흐르는 것처럼 느껴지지 않고, 그래서 아픔도 나아지지 않는 것 같다면 밖으로 나가 보렴. 어딘가로 떠나보렴" 하고 말할 일이 있을 것 같다. "떠나 보면, 괜찮아질 거야" 하고 말이다.

텅 빈 자루 하나 들고
이별하기

❖

    살아간다는 건 보따리를 들고 다니면서, 사람들을 가득 담았다가 머지않아 다 꺼내놓고 떠나는 일 같다고 느끼곤 한다. 언젠가부터 삶은 그야말로 이별의 연속이라는 걸 아주 명확하게 느끼고 있다. 삶에는 말 그대로 이별이 무더기처럼 기다리고 있다. 그 모든 이별은 어렵지만 이별 앞에 늘 덤덤해야 한다는 걸 느낀다. 도래한 이별 앞에 너무 슬퍼하기보다는 입술 꾹 다물고 그저 고개를 끄덕여야 한다는 걸 배운다.

    나는 사람이라면 원래 정에 약할 거라고 생각한다. 아이들은 친구랑 헤어질 때마다 펑펑 운다. 할머니, 할아버지랑 헤어질 때마다 울상이 된다. 엄마나 아빠가 아침에 출근할 때마다 속상해서 눈물을 뚝뚝 흘린다. 인간은 함께 시간을 보낸 사람을 사랑하도록 만들어져 있다. 그저 점점 커가면서 매년 학급이 바뀌며 겪는 이별부터, 차차 이별에 익숙해지는 연습을 하게 될 따름이다.

어느 해 내가 유독 이별이 잦다고 느꼈던 건 연초부터 이어온 모임들 때문이었다. 특히 글쓰기 모임은 세상 여러 형태의 만남 중에서도 유독 특별한 데가 있다. 다른 사람들한테는 쉽사리 보여줄 수 없는, 자신을 깊은 곳에서부터 드러내는 진심들이 이어지고 공유되면서 서로를 이해하고자 애쓰는 시간이 글쓰기 모임이기도 하다. 그렇게 타인의 마음이라는 걸 이해하다 보면 누구나 그에 대한 애정을 가질 수밖에 없다. 작가가 사랑받는다는 건 타인이 그를 이해하게 되었다는 말과 다르지 않다. 그리고 우리는 이해한 사람을 미워할 수 없고 그에게 정을 갖게 된다.

글쓰기 모임만 몇 팀을 꾸려오면서 그 모임원들과 나눈 이해와 애정과 연대의 시간이라는 건, 사실 다른 그 어떤 형태의 만남과도 비견할 수 없는 데가 있다. 그러나 나로서는 항상 그것을 끝맺어야만 한다는 의무 같은 것을 느낀다. 나는 내가 필요한 다음 시간으로 또 금방 나아가야 한다. 만남과 이별이 이루어지는 마음보다도, 나를 끌어당기는 삶의 물살을 더 강하게 느끼곤 한다. 무엇보다도 시간에, 그리고 그 시간 속의 사람에 최선을 다했으므로 또 다음으로 나아간다. 여행 중 게스트하우스에 묵었을 때처럼 그렇게 마음을 나눈 후 각자 삶의 여정을 떠나야 한다.

이직 때문에 마음고생하는 동생에게도 그런 말을 자연스레 하게 됐다. 사회생활이라는 것, 삶이라는 건 결국 다 이별하는 거라고 말이다. 그저 언제 이별하느냐는 차이만 있을 뿐이니 살아가면서 이별에 익숙해져야 한다고 당부했다. 내가 그 누구보다 가까이에서 보아온 동생도 유독 정에 약했다. 그러니까, 가까이에서 보면 사실 누구나 다 정에 약하다. 그러나 우리는 각자에게 주어진 삶의 길을 나서야 하는 여행객들이므로 마음을 단단히 먹어야 한다. 학교에서 만나 한 시절 서로에게 깊이 의지했던 사람들, 직장에서 만나 또 한 시절 도움을 주고받으며 그때를 보다 낫게 느끼게 해주었던 사람들, 모임에서 만나 서로의 깊은 마음을 드러내 보이며 이해하고 어느 정도 사랑할 수밖에 없었던 사람들, 낯선 세상에서 만나 서로가 잘되기를 빌어주며 기꺼이 나누고자 했던 사람들. 그런 이들과의 이별이 삶에는 거의 항상 산적해 있다.

내가 길을 걷는 사람이라면, 나는 텅 빈 자루 하나를 들고서 길가의 돌멩이들을 주워 모으지만 이내 그것들은 뚫린 구멍으로 다 쏟아져 나간다. 그리고 이따금 뒤를 돌아서, 그렇게 쏟아져 나간 돌멩이들을 바라보는 것이다. 쏟아진 모습들이 나름대로 참 아름답게 빛나며 어우러진다고 생각하면서, 너무 슬퍼하지 않고, 그저 또 갈 길을 가는 것이다. 그래도 내가 그 어느 아름다운 돌멩이 하나하나를 발견하여 잠시라도 손에 쥐고 주워 담아볼 수 있었음에 감사하면서 말이다.

내가 잘못 산다고 말하는 세상에게

ⓒ 정지우, 2022

초판 1쇄 발행 2022년 7월 11일

초판 2쇄 발행 2022년 7월 29일

지은이 정지우

펴낸이 이상훈

편집인 김수영

본부장 정진항

편집1팀 이윤주 이연재 김진주

마케팅 김한성 조재성 박신영 김효진 김애린 임은비

사업지원 정혜진 엄세영

펴낸곳 (주)한겨레엔 www.hanibook.co.kr

등록 2006년 1월 4일 제313-2006-00003호

주소 서울시 마포구 창전로 70 (신수동) 화수목빌딩 5층

전화 02) 6383-1602~3 **팩스** 02) 6383-1610

대표메일 book@hanien.co.kr

ISBN 979-11-6040-841-6 03300

* 책값은 뒤표지에 있습니다.

* 파본은 구입하신 서점에서 바꾸어 드립니다.